SOCIEDADE EM CONTA DE PARTICIPAÇÃO

VISÃO SOCIETÁRIA, CONTÁBIL E TRIBUTÁRIA

2ª edição

Arlindo Luiz Rocha Junior
Elaine Cristina de Araujo

SOCIEDADE EM CONTA DE PARTICIPAÇÃO

VISÃO SOCIETÁRIA, CONTÁBIL E TRIBUTÁRIA

2ª edição

Freitas Bastos Editora

Copyright © 2022 by Arlindo Luiz Rocha Junior e Elaine Cristina de Araujo.
Todos os direitos reservados e protegidos pela Lei 9.610, de 19.2.1998.
É proibida a reprodução total ou parcial, por quaisquer meios,
bem como a produção de apostilas, sem autorização prévia,
por escrito, da Editora.

Direitos exclusivos da edição e distribuição em língua portuguesa:
Maria Augusta Delgado Livraria, Distribuidora e Editora

Editor: *Isaac D. Abulafia*
Capa e Diagramação: *Luiz Antonio*

Dados Internacionais de Catalogação
na Publicação (CIP) de acordo com ISBD

R672s

Rocha Junior, Arlindo Luiz
Sociedade em conta de participação: visão societária, contábil e tributária / Arlindo Luiz Rocha Junior, Elaine Cristina de Araujo. – 2. ed. – Rio de Janeiro: Freitas Bastos, 2022.

196 p. ; 15,5 cm x 23 cm.

ISBN: 978-65-5675-092-7

1. Contabilidade. 2. Sociedade em Conta de Participação – SCP. 3. Tributação. I. Araujo, Elaine Cristina de. II. Título.

2021-4759   CDD 657   CDU 657

Elaborado por Odilio Hilario Moreira Junior - CRB-8/9949
Índice para catálogo sistemático:
 Contabilidade 657
 Contabilidade 657

Freitas Bastos Editora
atendimento@freitasbastos.com
www. freitasbastos.com

Gratidão eterna à família que nos conduz pelo caminho da ética e do respeito. Também aos amigos e aos profissionais que estão ao nosso lado, que nos ensinam, nos apoiam e nos incentivam sempre à escrita, ao estudo e ao desenvolvimento.

"A educação é a arma mais poderosa que você pode usar para mudar o mundo".
(Nelson Mandela)

Elaine Cristina de Araujo

Nota à 2ª edição

Nesta nova edição, reavaliamos as informações, realizamos novas pesquisas e fizemos as modificações que consideramos necessárias, para focarmos especificamente no que interessa em relação à Sociedade em Conta de Participação.

Utilizamos a técnica do *visual law* (símbolos, tabelas, figuras, QR Code etc.) para deixarmos o tema ainda mais didático, prático e objetivo.

Com todas as modificações efetuadas, ainda mantivemos o nosso objetivo primordial de zelar pela escrita simples e direta, visando atingir a todos os públicos que se interessam pelo tema.

Desejamos boa leitura!

Apresentação

A Sociedade em Conta de Participação tem um aspecto muito interessante. Pois, advém da união de pessoas físicas e/ou pessoas jurídicas com interesse em comum, mas sem as formalidades de constituição a que estão sujeitas as demais sociedades.

Contudo, nem todos os sócios "aparecem" perante terceiros, sendo nomeado um sócio ostensivo ou mais, para realizar os negócios desta sociedade e representá-la legalmente perante os órgãos governamentais competentes.

O fato desta sociedade não adquirir personalidade jurídica não a dispensa das obrigações principais e acessórias previstas pelo Código Tributário Nacional.

Pesquisando e analisando tais dados e em decorrência da grande quantidade existente desse tipo de sociedade, desenvolvemos este trabalho para trazer ao conhecimento das pessoas interessadas uma fonte objetiva de informações, direcionadas para os aspectos societários, contábeis e tributários.

Abordamos a constituição da SCP, como é conhecida, exemplificando um modelo do contrato social, que apesar de não ser obrigatório, é indicado que seja elaborado para determinar as regras de funcionamento e tratamento entre os sócios, produzindo efeitos entre eles.

Orientamos também sobre os procedimentos para obtenção da inscrição no CNPJ – Cadastro Nacional de Pessoas Jurídicas, criando um histórico desde o início de sua obrigatoriedade.

Quanto ao aspecto contábil, abordamos o tratamento pelas investidoras da SCP que se sujeitam à avaliação de investimento pelo custo de aquisição ou pelo método de equivalência, assim como a *Holding*, já abordada em obra específica.

Indicamos também as demonstrações contábeis a que a sociedade está sujeita, para nortear os leitores.

Em relação à tributação (IRPJ, CSLL, PIS/PASEP e COFINS), bem como as obrigações acessórias (Escrituração Contábil Fiscal – ECF, a EFD-Contribuições, Escrituração Contábil Digital – ECD etc.) dessa sociedade, nos pautamos na Instrução Normativa SRF nº 179/1987, que apesar de muito antiga, continua vigente, em convergência com a legislação atual (Decreto nº 9.580/2018, Instrução Normativa RFB nº 1.700/2017, Leis nºs 9.718/1998, 10.637/2002 e 10.833/2003, dentre outras que serão citadas ao longo desse trabalho).

Afinal, pode a Sociedade em Conta de Participação optar pelo Simples Nacional? E as pessoas jurídicas que ajudaram a constituir seu patrimônio?

Uma dúvida que assombra os interessados, mas que possui uma solução já pacificada pelo Comitê Gestor do Simples Nacional.

Elaboramos um capítulo específico para tratarmos do planejamento tributário e do *compliance*, pois, sendo bem utilizada e gerida, essa sociedade pode ser um bom negócio.

Portanto, o objetivo deste trabalho é mostrar de maneira objetiva, como é o tratamento de uma Sociedade em Conta de Participação.

Boa leitura!

Siglas

Art. – Artigo
CARF – Conselho Administrativo de Recursos Fiscais
CC – Código Civil
CNAE – Classificação Nacional de Atividades Econômicas
CNPJ – Cadastro Nacional da Pessoa Jurídica
Cofins – Contribuição para o Financiamento da Seguridade Social
CSLL – Contribuição Social sobre o Lucro Líquido
DCTF – Dispõe sobre a Declaração de Débitos e Créditos Tributários Federais
DIMOB – Declaração de Informações sobre Atividades Imobiliárias
Dirf – Declaração do Imposto sobre a Renda Retido na Fonte
DOU – Diário Oficial da União
ECD – Escrituração Contábil Digital
ECF – Escrituração Contábil Fiscal
IN – Instrução Normativa
IRPJ – Imposto de Renda das Pessoas Jurídicas
JCP – Juros sobre o Capital Próprio
Lalur – Livro de Apuração do Lucro Real
LSA – Lei das Sociedades Anônimas
MEP – Método da Equivalência Patrimonial
PER/DComp – Pedido de Restituição, Ressarcimento ou Reembolso e Declaração de Compensação
PIS/Pasep – Contribuição para o PIS/Pasep
RFB – Secretaria Especial da Receita Federal do Brasil
RIR/1999 – Regulamento do Imposto de Renda/1999
RIR/2018 – Regulamento do Imposto de Renda/2018
SCP – Sociedade em Conta de Participação

Significado dos Símbolos utilizados

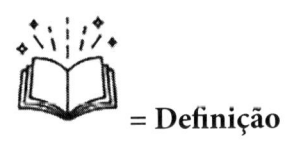

📖 = Definição

⚖️ = Fundamentação legal

🔨 = Decisões judiciais e administrativas

📣 = Atenção

🧠 = Análise

📝 = Nota

SUMÁRIO

Capítulo 1. BREVE HISTÓRICO
1.1. Aspectos gerais 23
1.2. Características 24
1.3. Aspectos contábeis 25
1.4. Aspectos tributários 26
1.5. Infográfico – Principais aspectos 26

Capítulo 2. SOCIETÁRIO – SOCIEDADE EM CONTA DE PARTICIPAÇÃO (SCP)
2.1. Origem da Sociedade em Conta de Participação – Código Comercial versus Código Civil. 29
2.2. Características dos sócios ostensivos e participantes 31
    2.2.1. Características do sócio ostensivo 31
    2.2.2. Características do sócio participante 31
    2.2.3. Sócio ostensivo pessoa física 32
2.3. Natureza jurídica da SCP 32
2.4. Aspectos jurídicos 36
2.5. Prova da existência da sociedade 36
2.6. Inexistência da personalidade jurídica – Consequências 37
2.7. Patrimônio Especial 38
2.8. Dos documentos, da fiscalização e da prestação de contas 38
2.9. Admissão de sócio estrangeiro e BACEN 40
2.10. Prazo de duração da SCP 41
2.11. Falência da SCP 41
2.12. Extinção da SCP 41
2.13. SCP não é filial do sócio ostensivo 42
2.14. Incorporação, Fusão e Cisão 43
2.15. Fluxograma da SCP 44
2.16. Contrato Social da SCP 44
2.17. Inscrição no CNPJ 49
    2.17.1. Utilização do Sistema REDESIM 51
2.18. Outras Inscrições 55

Capítulo 3. CONTABILIDADE – SOCIEDADE EM CONTA DE PARTICIPAÇÃO (SCP)

3.1. Introdução 59
3.2. Integralização de capital 59
    3.2.1. Contabilização do aporte de capital na SCP (sócio ostensivo e sócio oculto) 60
    3.2.2. Contabilização do recebimento do aporte de capital pelas SCP 61
3.3. Tratamento contábil das operações realizadas pela SCP 61
    3.3.1. Introdução 61
    3.3.2. Negócios em conjunto 61
        3.3.2.1. Introdução 61
        3.3.2.2. Operação em conjunto 63
            3.3.2.2.1. Contabilização de operações em conjunto 64
            3.3.2.2.2. Exemplo 65
        3.3.2.3. Empreendimento controlado em conjunto (joint venture) 75
            3.3.2.3.1. Exemplo 1 – Operações da SCP em livros próprios 77
            3.3.2.3.2. Exemplo 2 – Operações da SCP em livros próprios 82
            3.3.2.3.3. Glossário para identificação do tipo de negócio realizado 85
    3.3.3. Escrituração contábil da SCP sob a ótica fiscal 86
        3.3.3.1. Introdução 86
        3.3.3.2. Base Legal 88
3.4. Notas explicativas sobre os investimentos realizados em SCP 90
    3.4.1. Exemplos 92
3.5. Conjunto das demonstrações contábeis 95

Capítulo 4. TRIBUTAÇÃO – SOCIEDADE EM CONTA DE PARTICIPAÇÃO (SCP)

4.1. Introdução 97
4.2. Disposições do Decreto nº 3.000/1999 (Regulamento do Imposto de Renda – RIR/99) versus Decreto nº 9.580/2018 (Novo Regulamento do Imposto de Renda) 97
4.3. Tributação conforme a Instrução Normativa SRF nº 179/1987 100
4.4. Nota à utilização de Soluções de Consulta 102
4.5. Formas de Tributação 103
    4.5.1. Instrução Normativa RFB nº 1.700/2017 104
    4.5.2. Lucro real 105
        4.5.2.1. Prejuízo fiscal apurado pela SCP 108
        4.5.2.2. Saldo negativo do IRPJ e da CSLL 108
    4.5.3. Lucro Presumido 109
        4.5.3.1. A SCP e a opção pelo lucro presumido 109

SUMÁRIO

4.5.4. Ato Declaratório Normativo CST nº 01/80 – IRRF – Esclarecimento 110
4.5.5. PIS/Pasep e Cofins 110
4.5.6. Tratamento das Receitas Financeiras 111
    4.5.6.1. Regime cumulativo 111
    4.5.6.2. Regime Não Cumulativo 112
4.6. Direitos de Créditos e das Obrigações em Função da Taxa de Câmbio 113
4.7. Responsabilidade do sócio ostensivo 114
4.8. Apuração e Recolhimento dos tributos 114
4.9. Opção pelo Simples Nacional da SCP e de suas sócias 115
4.10. Sociedade de Propósito Específico (SPE) – Vedação à participação no capital de outra pessoa jurídica – Sociedade em conta de participação (SCP) 118
4.11. Participação no Capital da SCP – Sujeição à Avaliação de Investimento 118
    4.11.1. Custo de aquisição 119
    4.11.2 Método de Equivalência Patrimonial 122
        4.11.2.1. Definição do MEP 122
        4.11.2.2. Requisitos de obrigatoriedade ao MEP 122
    4.11.3. MEP – Lucro Real 123
    4.11.4. MEP – Lucro Presumido 124
        4.11.4.1. Solução de Consulta COSIT nº 204 de 2019 – Obrigatoriedade do MEP – Lucro Presumido 125
        4.11.4.2. Súmula CARF 137 – Lucro Presumido – Equivalência Patrimonial – Não Tributação 125
    4.11.5. Distribuição de lucros pela SCP 126
4.12. Ganho ou perda de capital – Alienação do investimento em SCP 127
4.13. Mais de um sócio ostensivo – Possibilidade e Tratamento 128
4.14. Escrituração das operações 129
4.15. Documentos e outros 129
4.16. O pool hoteleiro 129
4.17. Sociedade em Conta de Participação e Incentivo fiscal de dedução do IR 131
4.18. Pessoa jurídica participante de Sociedade em Conta de Participação e o PADIS 132
4.19. Investimento no capital da SCP – Tratamento 132
4.20. Incorporação imobiliária e construção civil 133
4.21. Outras informações 133
    4.21.1. Vedação à soma de receitas da SCP e sócia ostensiva 133
    4.21.2. Destaque do lucro resultante da SCP 134
    4.21.3. Dedução ou Compensação de Tributos 134

4.21.4. Regime Especial de Tributação – Distribuição Desproporcional de Lucros – Devolução da Participação no Capital Social 135

4.21.5. Exercício de Atividade Constitutiva do Objeto Social pelo Sócio Participante – Tributação dos Resultados 136

4.21.6. Contribuição Previdenciária Incidente sobre a Receita Bruta – Lei nº 12.546, de 2011 – Não sujeição 137

4.21.7. Custos e despesas não comprovados 138

Capítulo 5. OBRIGAÇÕES ACESSÓRIAS – SOCIEDADE EM CONTA DE PARTICIPAÇÃO (SCP)

5.1. Obrigações acessórias 139

5.2. EFD-Contribuições 139

5.3. ECF – Escrituração Contábil Fiscal 141

5.4. DCTF – Declaração de Débitos e Créditos Tributários Federais e DCTFWeb – Declaração de Débitos e Créditos Tributários Federais Previdenciários e de Outras Entidades e Fundos 142

5.5. ECD – Escrituração Contábil Digital 143

5.6. DIRF – Declaração do Imposto sobre a Renda Retido na Fonte 144

5.7. DIMOB – Declaração de Informações sobre Atividades Imobiliárias 144

5.8. PER/DComp – Pedido de Restituição, Ressarcimento ou Reembolso e Declaração de Compensação 145

5.9. eSocial e EFD-Reinf 145

5.10. Informações importantes sobre obrigações acessórias – Fontes de consulta 146

Capítulo 6. DISTRIBUIÇÃO DE LUCROS – SOCIEDADE EM CONTA DE PARTICIPAÇÃO (SCP)

6.1. Introdução 149

6.2. Lucros distribuídos com base nos resultados apurados entre 1º de janeiro de 2008 e 31 de dezembro de 2013 150

6.3. Lucros apurados no ano-calendário de 2014 151

6.3.1. Optante pela Lei nº 12.973/2014 151

6.3.2. Não optante pela Lei nº 12.973/2014 152

6.4. Lucros distribuídos pelas SCP com base nos resultados apurados a partir de 1º de janeiro de 2015 152

6.5. CÁlculo dos lucros das SCP tributadas pelo lucro presumido 152

6.5.1. Distribuição com base na presunção 153

6.5.2. Distribuição com base no lucro apurado pela contabilidade 153

6.6. Tratamento dos lucros recebidos pela pessoa física 156

SUMÁRIO

6.7. Tratamento contábil dos lucros apurados pelas SCP 158
6.8. Tratamento dos lucros apurados pelas SCP na ECF 159
    6.8.1. Remuneração de Sócios, Titulares, Dirigentes e Conselheiros 159
    6.8.2. Pagamentos ou Remessas a Título de Lucros ou Dividendos a Beneficiários do Brasil e do Exterior – ECF 162
6.9. Rendimentos Relativos a Dividendos e Lucros Recebidos do Brasil – ECF 167
6.10. Aspectos legais e normativos 173

Capítulo 7. REFORMA TRIBUTÁRIA 181

Capítulo 8. PLANEJAMENTO TRIBUTÁRIO E COMPLIANCE 185
8.1. Planejamento tributário 185
8.2. Planejamento ilícito das Sociedades em Conta de Participação 186
8.3. BACEN – Entendimento – Formação e Funcionamento de grupos para Aquisição de Bens 188
8.4. Compliance 191
    8.4.1. Cruzamento de Informações 193

BIBLIOGRAFIA 195

Capítulo 1
Breve Histórico

Neste capítulo apresentaremos um breve histórico sobre a Sociedade em Conta de Participação antes de adentrarmos nos requisitos específicos.

1.1. ASPECTOS GERAIS

A Sociedade em Conta de Participação – SCP é um tipo societário previsto no Código Civil (Lei nº 10.406/2002), arts. 991 a 996.

Decorre da união de pessoas (jurídicas e/ou físicas) para uma finalidade comum.

A sua principal característica é de ser uma sociedade não personificada, na qual a atividade constitutiva do objeto social é exercida unicamente pelo sócio ostensivo, em seu nome individual e sob sua própria e exclusiva responsabilidade, participando os demais dos resultados correspondentes.

Assim, somente o sócio ostensivo obriga-se perante terceiros, e o sócio participante (antigo sócio oculto) responderá tão somente nos termos, nos limites e nas condições firmados no contrato social perante o sócio ostensivo.

A Sociedade em Conta de Participação independe de qualquer formalidade e pode provar-se por todos os meios de direito.

Quanto ao contrato social, não existe obrigatoriedade de sua existência, mas é indicado que o faça para que sejam estabelecidas as regras de funcionamento e de tratamento entre os sócios. Observando que o contrato apenas produz efeito somente entre os sócios, e a eventual inscrição de seu instrumento no Registro Público de Títulos e Documentos não confere personalidade jurídica à sociedade, posto que prevalece a sua natureza de sociedade despersonificada. Ou seja, não é uma pessoa jurídica.

> **Pessoa Jurídica:** Ente coletivo, resultado de uma ficção jurídica, que possui personalidade própria para ser sujeito capaz de adquirir direitos e contrair obrigações.
> Art. 40 e seguintes, do CC.

A contribuição financeira do sócio participante constitui, juntamente com a do sócio ostensivo, o patrimônio especial, objeto da conta de participação relativa aos negócios sociais, o qual produz efeitos somente em relação aos sócios da SCP.

Ressalvada estipulação em contrário, o sócio ostensivo não pode admitir novo sócio sem o consentimento expresso dos demais.

Aplica-se à SCP, subsidiariamente e no que com ela for compatível, o disposto para a sociedade simples, e a sua liquidação rege-se pelas normas relativas à prestação de contas, na forma da lei processual.

Considerada como sociedade secreta, despersonalizada e provisória, o art. 1.162 do Código Civil determina expressamente que "a sociedade em conta de participação não pode ter firma ou denominação", ou seja, não pode adotar nome empresarial.

1.2. CARACTERÍSTICAS

A SCP possui características específicas, as quais destacamos a seguir:

a) não possui personalidade jurídica própria, nem autonomia patrimonial;

b) é uma sociedade oculta, pois atua por meio de seu sócio ostensivo em nome individual ou como sociedade mercantil;

c) não se obriga como pessoa jurídica individualizada, mas, sim, na pessoa de seu sócio ostensivo, que se responsabiliza perante terceiros, e perante o qual, por sua vez, se obrigam os participantes (sócios ocultos);

d) não possui firma, denominação social ou sinal aparente que a diferencie;

Firma: é composta pelo nome civil, de forma completa ou abreviada.

Denominação: é formada por quaisquer palavras da língua nacional ou estrangeira, sendo facultada a indicação do objeto.

Arts. 18 a 26 da IN DREI nº 81/2020

e) não possui capital nem patrimônio social definidos, contudo, a contribuição dos sócios constitui um patrimônio especial, que apenas produz efeitos entre eles;

f) não possui sede ou domicílio especial, podendo, a critério dos sócios, ser convencionado um local para servir de sede, bem como foro de eleição para efeitos judiciais;

g) não se acha sujeita às formalidades previstas em lei (contrato por escritura pública ou particular e registro na Junta Comercial), mas sua existência pode ser comprovada por todos os meios de provas admitidas nos contratos comerciais;

h) não possui legitimação *ad causam ou ad processum* para estar em juízo (ativa ou passivamente);

i) não pode ser declarada falida, já que esse instituto se aplica somente ao sócio ostensivo;

j) a liquidação limita-se a uma simples prestação de contas (amigável ou judicial).

Frise-se que o contrato não é passível de registro em Junta Comercial e não conferirá personalidade jurídica à sociedade, mas poderá ser registrado no Registro Público de Títulos e Documentos para salvaguardar os direitos dos contratantes.

1.3. ASPECTOS CONTÁBEIS

Em relação ao tratamento contábil das operações da SCP abordamos de forma clara a aplicação das técnicas contábeis para estas sociedades, com a exposição de exemplos práticos de lançamentos contábeis, estrutura das demonstrações financeira e avaliação das formas de apuração e reconhecimento dos resultados.

Importa saber que a contabilidade fornece informações que servem para tomadas de decisões e suporte para operações societárias, tributárias, cíveis, gerenciais e até mesmo para atender os *stakeholders*, que são as partes interessadas do negócio, por exemplo: instituições financeiras, fornecedores, sócios entre outros.

A sociedade em conta de participação é uma sociedade com procedimentos peculiares como a sua forma de constituição, fazendo com que apareça a dúvida sobre a forma de aplicação da contabilidade. Porém, como sabemos, a contabilidade tem como objetivo identificar, mensurar e comunicar os eventos econômicos de uma entidade, sendo que sua aplicação independe do regime societário. O que se aplica às Sociedades em Conta de Participação – SCP.

1.4. ASPECTOS TRIBUTÁRIOS

No que tange aos aspectos tributários, a Sociedade em Conta de Participação está sujeita à mesma tributação das pessoas jurídicas, mesmo não sendo uma pessoa jurídica.

Isso ocorre porque ela fica equiparada e deve observar um dos regimes de tributação existentes em nossa legislação brasileira, podendo optar pelo lucro presumido, caso não esteja obrigada ao lucro real, conforme as disposições do art. 14 da Lei nº 9.718/1998.

Mas, está impedida de optar pelo Simples Nacional.

Outras restrições também serão abordadas no Capítulo específico de tributação, incluindo as obrigações acessórias a que está sujeita.

1.5. INFOGRÁFICO – PRINCIPAIS ASPECTOS

Encerramos este capítulo com um Infográfico, para começarmos a abordar o tratamento específico para a sociedade em questão.

Capítulo 1 Breve Histórico

PRINCIPAIS ASPECTOS

PONTOS GERAIS
- previsão no Código Civil (arts. 991 a 996);
- tipo de sociedade não personificada (sem personalidade jurídica);
- possui um ou mais objetos sociais;
- sócios: ostensivos e participantes;
- contrato social (indicado);
- aplicação subsidiária das regras da Sociedade Simples.

CARACTERÍSTICAS
Não possui:
- firma ou denominação social;
- capital social;
- domicílio especial;
Sua liquidação ocorre por meio de prestação de contas.

CONTABILIDADE
Sujeita a:
- escrituração contábil própria;
- demonstrações contábeis;
- avaliação do investimento pelos sócios pessoas jurídicas

TRIBUTAÇÃO
Sujeita a:
- tributação própria;
- qualquer regime tributário, exceto Simples Nacional;
- obrigações acessórias.

Capítulo 2
Societário – Sociedade em Conta de Participação (SCP)

2.1. ORIGEM DA SOCIEDADE EM CONTA DE PARTICIPAÇÃO – CÓDIGO COMERCIAL VERSUS CÓDIGO CIVIL

A Sociedade em Conta de Participação tem origem na Lei nº 556/1950 (Código Comercial), arts. 325 a 328, posteriormente revogada pela Lei nº 10.406/2002 (Código Civil), e possui algumas peculiaridades interessantes, como o fato de ser uma sociedade não personificada.

Diante dessas particularidades, a seguir um quadro comparativo entre as disposições do Código Comercial e do Código Civil sobre a sociedade em análise:

SOCIEDADE EM CONTA DE PARTICIPAÇÃO

Lei nº 556 de 1950 (Código Comercial)	Lei nº 10.406/2002 (Código Civil)
Art. 325. Quando duas ou mais pessoas, sendo ao menos uma comerciante, se reúnem, sem firma social, para lucro comum, em uma ou mais operações de comércio determinadas, trabalhando um, alguns ou todos, em seu nome individual para o fim social, a associação toma o nome de sociedade em conta de participação, acidental, momentânea ou anônima; esta sociedade não está sujeita às formalidades prescritas para a formação das outras sociedades, e pode provar-se por todo o gênero de provas admitidas nos contratos comerciais (artigo nº 122).	Art. 991. Na sociedade em conta de participação, a atividade constitutiva do objeto social é exercida unicamente pelo sócio ostensivo, em seu nome individual e sob sua própria e exclusiva responsabilidade, participando os demais dos resultados correspondentes. Parágrafo único. Obriga-se perante terceiro tão-somente o sócio ostensivo; e, exclusivamente perante este, o sócio participante, nos termos do contrato social.
Art. 326. Na sociedade em conta de participação, o sócio ostensivo é o único que se obriga para com terceiro; os outros sócios ficam unicamente obrigados para com o mesmo sócio por todos os resultados das transações e obrigações sociais empreendidas nos termos precisos do contrato.	Art. 992. A constituição da sociedade em conta de participação independe de qualquer formalidade e pode provar-se por todos os meios de direito.
Art. 327. Na mesma sociedade o sócio-gerente responsabiliza todos os fundos sociais, ainda mesmo que seja por obrigações pessoais, se o terceiro com quem tratou ignorava a existência da sociedade; salvo o direito dos sócios prejudicados contra o sócio-gerente.	Art. 993. O contrato social produz efeito somente entre os sócios, e a eventual inscrição de seu instrumento em qualquer registro não confere personalidade jurídica à sociedade. Parágrafo único. Sem prejuízo do direito de fiscalizar a gestão dos negócios sociais, o sócio participante não pode tomar parte nas relações do sócio ostensivo com terceiros, sob pena de responder solidariamente com este pelas obrigações em que intervier.
Art. 328. No caso de quebrar ou falir o sócio-gerente, é lícito ao terceiro com quem houver tratado saldar todas as contas que com ele tiver, posto que abertas sejam debaixo de distintas designações, com os fundos pertencentes a quaisquer das mesmas contas; ainda que os outros sócios mostrem que esses fundos lhes pertencem, uma vez que não provem que o dito terceiro tinha conhecimento, antes da quebra, da existência da sociedade em conta de participação.	Art. 994. A contribuição do sócio participante constitui, com a do sócio ostensivo, patrimônio especial, objeto da conta de participação relativa aos negócios sociais. § 1º A especialização patrimonial somente produz efeitos em relação aos sócios. § 2º A falência do sócio ostensivo acarreta a dissolução da sociedade e a liquidação da respectiva conta, cujo saldo constituirá crédito quirografário. § 3º Falindo o sócio participante, o contrato social fica sujeito às normas que regulam os efeitos da falência nos contratos bilaterais do falido.

Lei nº 556 de 1950 (Código Comercial)	Lei nº 10.406/2002 (Código Civil)
	Art. 995. Salvo estipulação em contrário, o sócio ostensivo não pode admitir novo sócio sem o consentimento expresso dos demais.
	Art. 996. Aplica-se à sociedade em conta de participação, subsidiariamente e no que com ela for compatível, o disposto para a sociedade simples, e a sua liquidação rege-se pelas normas relativas à prestação de contas, na forma da lei processual. Parágrafo único. Havendo mais de um sócio ostensivo, as respectivas contas serão prestadas e julgadas no mesmo processo.

Se analisarmos as Leis acima, a Sociedade em Conta de Participação começou e permanece com a mesma essência, a saber: o sócio ostensivo continua sendo o responsável pelas atividades dessa sociedade.

2.2. CARACTERÍSTICAS DOS SÓCIOS OSTENSIVOS E PARTICIPANTES

Como verificamos no item anterior, o Código Civil trata dessa sociedade em seus artigos 991 a 996, e podemos extrair dados importantes a seguir tratados.

2.2.1. Características do sócio ostensivo

São características do sócio ostensivo:
- aparece exclusivamente nas operações da empresa;
- exerce a responsabilidade própria e exclusiva pela sociedade;
- obrigações perante terceiros alheios à sociedade;
- participa da constituição do patrimônio especial;
- a sua falência acarreta a dissolução da Sociedade em Conta de Participação;
- não pode admitir novo sócio participante sem que haja concordância do(s) sócio(s) participantes ou estipulação expressa em contrato.

2.2.2. Características do sócio participante

São características do sócio participante:

- não tem obrigações perante terceiros, podendo, caso venha a ter, responder solidariamente com o sócio ostensivo;
- tem obrigações com o sócio ostensivo, conforme as disposições do contrato;
- tem o direito de fiscalizar a gestão dos negócios sociais exercida pelo sócio ostensivo;
- contribui para a formação do patrimônio especial da empresa;
- caso haja a falência, o contrato social fica sujeito às normas que regulam os efeitos da falência nos contratos bilaterais do falido.

2.2.3. Sócio ostensivo pessoa física

Não existe vedação para que o sócio ostensivo seja uma pessoa física, conforme as disposições do art. 991 do CC, todavia, na prática, é uma situação inviável!

Inviável porque é o sócio ostensivo, como veremos no capítulo da tributação, que é o responsável pelo recolhimento dos tributos com o seu próprio CNPJ.

Portanto, antes de viabilizar esse tipo societário, atente-se a isso.

2.3. NATUREZA JURÍDICA DA SCP

A SCP é um tipo de sociedade prevista em nosso ordenamento jurídico, sem personalidade jurídica, mas, que como todo negócio jurídico deve seguir a legislação brasileira vigente.

Apenas para conhecimento, é importante mencionarmos que existe uma divergência em nosso ordenamento jurídico, se a SCP é ou não é uma sociedade. Mas, sabemos que é uma sociedade, todavia, não é uma pessoa jurídica.

Vejamos como está estruturada no Código Civil:

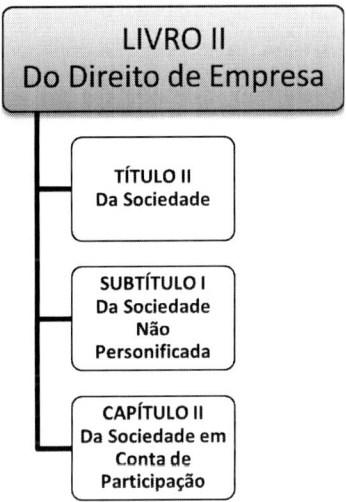

Diante de tal situação, transcrevemos algumas informações importantes para quem deseja se aprofundar no assunto:

- **Comissão de Valores Mobiliários – CVM**

EXTRATO DA SESSÃO DE JULGAMENTO DO PROCESSO ADMINISTRATIVO SANCIONADOR CVM nº RJ2015/7239

(...)

15. Conforme decidido no PAS CVM nº RJ2014/5099, do qual fui Relator, a sociedade em conta de participação, apesar do nomen iuris que lhe foi atribuída pelo ordenamento jurídico, não consiste verdadeiramente em uma sociedade, o que se observa tanto pela sua inserção em subtítulo do Código Civil que trata das "sociedades não-personificadas", quanto pela leitura dos dispositivos legais que regem esse instituto, em especial os artigos 991, 993 e 994 do citado diploma legal.

16. Não se verifica, na "sociedade em conta de participação", a constituição de uma pessoa jurídica para o desempenho da atividade definida em seu instrumento. Trata-se, portanto, de um contrato entre um investidor (sócio oculto/participante) e um empreendedor (sócio ostensivo), a fim de que este exerça determinada atividade específica e partilhe o lucro com o investidor.

17. Assim sendo, nada obstante a existência de alguma celeuma doutrinária, concordo integralmente com Fabio Ulhoa Coelho, Tullio Ascarelli e Sergio Campinho, dentre outros, que entendem ser a "sociedade em conta de participação" um mero contrato de investimento:

"(...) a conta em participação, a rigor, não passa de um contrato de investimento comum, que o legislador, impropriamente, denominou sociedade. Suas marcas características, que a afastam da sociedade empresária típica, são a despersonalização (ela não é pessoa jurídica) e a natureza secreta (seu ato constitutivo não precisa ser levado a registro na Junta Comercial). Outros de seus aspectos também justificam não considerá-la uma sociedade: a conta de participação não tem necessariamente capital social, liquida-se pela medida judicial de prestação de contas e não por ação de dissolução de sociedade, e não possui nome empresarial".

"A chamada sociedade ou associação em conta de participação constitui um contrato bilateral; de permuta ou escambo no amplo significado deste termo, adotado nestas páginas; dominus do negócio é, sempre, e necessariamente, o associante, que, somente ele, assume obrigações e adquire direitos para com os terceiros, ao passo que os associados são responsáveis somente perante o associante e têm direitos somente perante ele; não se cria uma nova organização, nem externa – essa é a diferença invocada com frequência – nem interna; até quando o associante admite mais pessoas a participar dos seus negócios, isso tem lugar através de outros tantos contratos bilaterais distintos. Na sociedade, ao contrário, achamo-nos em presença de uma nova organização: nenhum dos sócios pode dizer-se, juridicamente, dominus do negócio; se a organização entra em relações com terceiros, é a todos os sócios, coletivamente, que se referem tais relações; se isso não acontece, as relações com terceiros são, individualmente, assumidas por cada sócio por sua conta".

"Forma-se a sociedade em conta de participação por contrato, sendo despida, entretanto, de personalidade jurídica. Não está submetida às formalidades de constituição a que estão subordinadas as sociedades.

Não é tecnicamente falando, como temos sustentado, uma sociedade, mas sim um contrato associativo ou de participação. Negamos, pois, a sua natureza de sociedade no sentido técnico do termo, mas isso não autoriza o seu banimento do nosso ordenamento como proclamado por muitos doutrinadores. [...]

A sociedade em conta de participação congrega duas espécies de sócios: o sócio ostensivo e o sócio oculto ou participante. O primeiro é aquele a quem compete explorar, em nome individual e sob a sua própria e exclusiva responsabilidade, o objeto definido no contrato de participação. O sócio oculto, geralmente prestador de capital, tem por escopo a participação nos resultados da exploração do objeto, sem, contudo, assumir riscos pelo insucesso do empreendimento junto a terceiros. [...]

Diz-se, por isso, que a sociedade só existe entre os sócios e não perante terceiros. Os direitos e obrigações entre os sócios ostensivo e o oculto são regulados pelo termo do contrato de participação. Perante terceiros a sociedade não se apresenta. Somente o sócio ostensivo é quem aparece, realizando as transações em seu nome próprio e assumindo os riscos do malogro da empreitada negocial. [...]".

Acesse o inteiro teor:

- **IBGE – Instituto Brasileiro de Geografia e Estatística – Comissão Nacional de Classificação – Concla**

De acordo com a Comissão Nacional de Classificação – Concla, que dentre outras atribuições, define as atividades econômicas (CNAE), orienta que a natureza jurídica da SCP compreende:

As entidades naturalmente desprovidas de personalidade jurídica, constituídas pela associação de duas ou mais pessoas para um empreendimento comum, ficando um ou mais sócios em posição ostensiva, que respondem ilimitadamente pelas obrigações que, em nome próprio, assumirem perante terceiros, e outro ou outros em posição oculta, chamados de sócios participantes, os quais não respondem senão perante os ostensivos e nos termos do contrato social. Por ser despersonalizada não assume em seu nome nenhuma obrigação, como também não adotará nenhum nome empresarial. A contribuição do sócio participante constitui, com a do sócio ostensivo, patrimônio especial, objeto da conta de participação relativa aos negócios sociais. A especialização patrimonial somente produz efeitos em relação aos sócios. A sua liquidação rege-se pelas normas relativas à prestação de contas, na forma da lei processual. Base legal: Código Civil (Lei 10.406 de 10/01/2002, art. 991 a 996)

2.4. ASPECTOS JURÍDICOS

A SCP também deve seguir as características de um negócio jurídico, para que em uma possível lide entre seus sócios, possa haver a resolução da melhor forma para todos os lados.

Ou seja, de acordo com o art. 104 da Lei nº 10.406/2002, deve possuir para ser válido:

- agente capaz;
- objeto lícito, possível, determinado ou determinável;
- forma prescrita ou não defesa em lei.

Por esse motivo, em nossa atualidade, é importante e recomendável que seja elaborado um contrato com as regras estabelecidas, para que a sociedade perdure até o momento de sua conclusão, determinada (por haver um projeto específico) ou indeterminada (enquanto o negócio valer a pena para os sócios).

A elaboração de um contrato é importante para definir as regras e para que se mantenha uma boa convivência entre os sócios.

2.5. PROVA DA EXISTÊNCIA DA SOCIEDADE

Dispõe o art. 992 do CC que a constituição da sociedade em conta de participação independe de qualquer formalidade e pode provar-se por todos os meios de direito.

Logo, são documentos que comprovam a sua existência: *e-mails*, extratos bancários, mensagens por celular, correspondências, bilhetes etc.

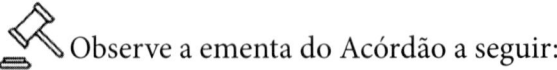Observe a ementa do Acórdão a seguir:

Apelação Cível – TJ-RS – AC: 70079454930 RS, Relator: Luís Augusto Coelho Braga, Data de Julgamento: 28/03/2019, Sexta Câmara Cível, Data de Publicação: Diário da Justiça do dia 05/04/2019:

APELAÇÃO CÍVEL. DISSOLUÇÃO E LIQUIDAÇÃO DE SOCIEDADE. SOCIEDADE EM COMUM. ART. 981, CC. PROVA DA EXISTÊNCIA DA SOCIEDADE ENTRE OS SÓCIOS. ART. 987, CC. RELATIVIZAÇÃO, SOB PENA DE DESVIRTUAMENTO DO INSTITUTO. ADMISSÃO DE TODOS MEIOS DE PROVAS PREVISTOS NO ORDENAMENTO PROCESSUAL. APLICAÇÃO DO RESP 1.430.750/SP. DISSOLUÇÃO SOCIAL. POSSIBILIDADE. INEXISTÊNCIA DE AFETO SOCIAL. APURAÇÃO DE HAVERES LIMITADA AO PEDIDO AUTORAL. SENTENÇA MANTIDA. À UNANIMIDADE, NEGARAM PROVIMENTO AO APELO.

2.6. INEXISTÊNCIA DA PERSONALIDADE JURÍDICA – CONSEQUÊNCIAS

A falta de personalidade jurídica, por não ser registrada como uma sociedade, possui algumas consequências que veremos a seguir:

- **Falta de titularidade obrigacional:** todos os atos são praticados pelo sócio ostensivo e em seu nome. Mas, a partir do momento em que a SCP passou a ser obrigada a ter inscrição no CNPJ, deixou de ser uma sociedade secreta.
- **Falta de titularidade processual:** não pode ser demandada ou demandar em juízo;
- **Falta de patrimônio próprio:** como não possui personalidade jurídica, não tem patrimônio próprio. Ou seja, não pode ter titularidade. O que existe é o patrimônio especial;
- **Falta de sede e domicílio:** essa sociedade não possui um local estabelecido porque as suas operações são exercidas pelo sócio ostensivo. Mas, nada impede que seja determinado um local pelos sócios para atuação das operações.

2.7. PATRIMÔNIO ESPECIAL

O patrimônio especial é formado pelo aporte dos sócios, que pode ocorrer em dinheiro, bens, direitos e até mesmo com o trabalho. Ou seja, como essa sociedade segue subsidiariamente as regras da sociedade simples, é admitido o sócio de serviços.

Porém, temos que ter em mente de que é esse patrimônio que faz o objeto da conta de participação relativa aos negócios sociais.

Exemplo: Uma SCP constituída para fins de empreendimentos imobiliários ou pool hoteleiro, atividades mais comuns, onde o patrimônio especial é constituído por terrenos para fins construção, com a finalidade de vender unidades imobiliárias e até criar grandes empreendimentos como hotéis com parques aquáticos, restaurantes, spa e outras facilidades para estadias.

2.8. DOS DOCUMENTOS, DA FISCALIZAÇÃO E DA PRESTAÇÃO DE CONTAS

Para o bom andamento da sociedade é importante que sejam mantidos os documentos que deram origem às operações da SCP. Esses documentos devem ser hábeis e idôneos como preceitua o nosso ordenamento jurídico.

Não podemos esquecer de que os fatos contábeis são baseados nesses documentos e as decisões dos sócios para fins de planejamento tributário, societário e para fins administrativos são pautadas nos bons procedimentos realizados.

Também cabe aos sócios participantes, o acompanhamento da sociedade, analisando os documentos e a prestação de contas que pode ocorrer anualmente ou até mesmo em períodos menores, conforme as cláusulas contratuais.

Sobre a prestação de contas, vejamos o que segue:

TRIBUNAL DE JUSTIÇA DO DISTRITO FEDERAL E DOS TERRITÓRIOS

Órgão 2ª Turma Cível Processo
Nº AGRAVO DE INSTRUMENTO 0708094-60.2019.8.07.0000
Acórdão Nº 1187615

"EMENTA AGRAVO DE INSTRUMENTO. PRESTAÇÃO DE CONTAS. SOCIEDADE EM CONTA DE PARTICIPAÇÃO. ARTIGO 991 DO CÓDIGO CIVIL. DEVER DE PRESTAR CONTAS. SÓCIO OSTENSIVO. ILEGITIMIDADE PASSIVA DO SÓCIO PARTICIPANTE. RECONHECIDA.

- 1. Agravo de instrumento contra decisão que, nos autos de ação de conhecimento (prestação de contas), deferiu tutela de evidência para determinar à parte requerida a juntada de extrato atualizado dos meses de janeiro e fevereiro de 2019 e assim mensal e sucessivamente até o dia 20 do mês subsequente, até a prestação definitiva das contas, dos extratos bancários e relatórios de despesas e receitas relativas à exploração do espaço de atividades e eventos objeto da lide, sob pena de multa diária.
- 2. Na Sociedade em Conta de Participação, a atividade social estabelecida é exercida unicamente pelo sócio ostensivo, em seu nome individual e sob sua própria e exclusiva responsabilidade, participando os demais sócios – chamados de participantes ou ocultos – dos resultados correspondentes, na forma do artigo 991 do Código Civil, o que lhes assegura o direito de fiscalização.
- 3. Apenas o sócio ostensivo tem poderes de gestão na sociedade em conta de participação constituída, cabendo somente a ele, portanto, a responsabilidade pelos registros contábeis e o dever de prestar contas de sua gestão social.
- 4. No particular, diante da ausência de poderes de administração/gestão conferidos aos sócios participantes, a sócia ostensiva é a única legitimada a figurar no pólo passivo da demanda de prestação de contas – devendo ser excluído do feito o ora agravante. 5. Recurso conhecido e provido.

- 5. Recurso conhecido e provido".

Esse tipo societário segue os mesmos critérios das demais sociedades personificadas, não havendo impedimento de registro de documentos no Cartório de Registro de Títulos e Documentos, apenas para dar publicidade. Porém, tal fato não fará com que ela se torne pessoa jurídica.

2.9. ADMISSÃO DE SÓCIO ESTRANGEIRO E BACEN

Não há impedimento na participação de sócios estrangeiros, no patrimônio da SCP. Contudo, é necessário verificar os procedimentos estabelecidos pelo Banco Central do Brasil – BACEN, bem como as obrigações acessórias a que a sociedade está sujeita ou dispensada de cumprimento.

Assim, indicamos as principais obrigações a serem prestadas ao BACEN:

- **Registro Declaratório Eletrônico – Registro de Operações Financeiras (RDE-ROF):**

Normas: Lei 4.131, de 1962; Lei 9.069, de 1995; Lei 11.371, de 2006; Lei 13.506, de 2017; Decreto 55.762, de 1965; Resolução 3.844, de 2010; e Circular 3.689, de 2013;

Finalidade: Dentre outras, tem a finalidade de registrar o Capital estrangeiro investido em pessoas jurídicas no País, nos termos da Lei nº 11.371, de 2006, quando não classificado como Investimento Estrangeiro Direito ou quando não sujeitos a outras modalidades de registro, aos quais se aplica regulamentação específica.

- **Censo de capitais estrangeiros no país**

Normas: Lei 4.131/1962; Medida Provisória 2.224/2001; Circular 3.795/2016; e Circular 3.857/2017.

Finalidade: recolher informações sobre o passivo externo do País, que inclui, dentre outros, investimentos estrangeiros diretos e instrumentos de dívida externa.

Portanto, certifique-se da obrigatoriedade ou dispensa dessas obrigações, conforme as normas expedidas pelo BACEN.

2.10. PRAZO DE DURAÇÃO DA SCP

O prazo pode ser determinado ou indeterminado, conforme determinação dos sócios e a finalidade do negócio.

2.11. FALÊNCIA DA SCP

A SCP não se sujeita a falência ou insolvência civil. Apenas os seus sócios estão sujeitos a esse fato, devendo ser observadas as peculiaridades quando isso ocorre, tendo em vista a Lei nº 11.101/2005 e o Código Civil.

2.12. EXTINÇÃO DA SCP

A SCP pode ser extinta a qualquer tempo, observando as disposições do contrato e do nosso ordenamento jurídico.

A Lei nº 10.406/2002 estabelece em seu art. 996, que a liquidação da SCP será regida pelas normas relativas à prestação de contas, na forma da lei processual (Lei nº 13.105/2015, arts. 550 a 553).

Essa prestação de contas, em regra, ocorre de forma amigável, entre os sócios ostensivo e participantes. Contudo, não é juridicamente inviável que os sócios de sociedade em conta de participação busquem o Judiciário para dissolução da entidade. Se podem fazê-lo mais discretamente, através de simples pedido de prestação de contas, nada obsta a que também o façam mediante ação dita de "dissolução". Ap. Cível 33.773-2 — Capital — Apelantes: Mário Edgard Henrique Pucci e Luiz Américo Gelfei — Apelado: José Regis Barbieri.

Sobre o assunto, vejamos o Acórdão do STJ, a seguir:

RECURSO ESPECIAL Nº 1.230.981 – RJ (2011/0009753-1)
RELATOR: MINISTRO MARCO AURÉLIO BELLIZZE

"EMENTA: DIREITO EMPRESARIAL E CIVIL. RECURSO ESPECIAL. AÇÃO DE DISSOLUÇÃO DE SOCIEDADE. SOCIEDADE EM CONTA DE PARTICIPAÇÃO. NATUREZA SOCIETÁ-

RIA. POSSIBILIDADE JURÍDICA. ROMPIMENTO DO VÍNCULO SOCIETÁRIO.

1. Discute-se a possibilidade jurídica de dissolução de sociedade em conta de participação, ao fundamento de que ante a ausência de personalidade jurídica, não se configuraria o vínculo societário.

2. Apesar de despersonificadas, as sociedades em conta de participação decorrem da união de esforços, com compartilhamento de responsabilidades, comunhão de finalidade econômica e existência de um patrimônio especial garantidor das obrigações assumidas no exercício da empresa.

3. Não há diferença ontológica entre as sociedades em conta de participação e os demais tipos societários personificados, distinguindo-se quanto aos efeitos jurídicos unicamente em razão da dispensa de formalidades legais para sua constituição.

4. A dissolução de sociedade, prevista no artigo 1.034 do CC/02, aplica-se subsidiariamente às sociedades em conta de participação, enquanto ato inicial que rompe o vínculo jurídico entre os sócios.

5. Recurso especial provido".

Assim, como podemos verificar, a SCP gera vínculo jurídico entre os sócios e se sujeita às mesmas disposições de dissolução das demais empresas, observando os pontos específicos a ela atribuídos.

2.13. SCP NÃO É FILIAL DO SÓCIO OSTENSIVO

A Secretaria da Receita Federal do Brasil já se manifestou por meio da **Solução de Consulta nº 28 – Cosit – Data: 23 de março de 2018**, orientando que a SCP não é filial do sócio ostensivo, como segue:

"ASSUNTO: OBRIGAÇÕES ACESSÓRIAS

EMENTA: CADASTRO NACIONAL DA PESSOA JURÍDICA. SOCIEDADE EM CONTA DE PARTICIPAÇÃO. Considerando a equiparação, para fins tributários, das Sociedades em Conta de Participação (SCP) às pessoas jurídicas, a legislação que disciplina sobre o Cadastro Nacional da Pessoa Jurídica não autoriza a inscrição de SCP como filial de seu sócio ostensivo".

Muito interessante o inteiro teor da Solução de Consulta em questão. Acesse:

2.14. INCORPORAÇÃO, FUSÃO E CISÃO

De acordo com a Lei nº 6.404/1976, arts. 223 a 234, temos as disposições que regem os processos de incorporação, fusão e cisão de sociedades.

Um ponto interessante é que a incorporação, fusão ou cisão podem ser operadas entre sociedades de tipos iguais ou diferentes e deverão ser deliberadas na forma prevista para a alteração dos respectivos estatutos ou contratos sociais. E, nas operações em que houver criação de sociedade serão observadas as normas reguladoras da constituição das sociedades do seu tipo.

Ou seja, em nenhum momento existe a disposição sobre a vedação para que a SCP não possa passar por essas operações.

Neste sentido, a RFB, por meio da **Solução de Consulta DISIT/ SRRF08 Nº 49/2010**, trouxe a seguinte orientação:

"Na incorporação da sociedade em conta de participação, pelo sócio ostensivo aplica-se subsidiariamente e no que com ela for compatível, o disposto para a sociedade simples. É necessário que se elabore a prestação de contas e a consequente transferência dos bens direitos e obrigações para o sócio ostensivo".

Importante saber que as operações de incorporação, fusão e cisão para a SCP devem ser muito bem analisadas, e até ser objeto de consulta perante os órgãos pertinentes, haja vista a falta de informações para o caso.

2.15. FLUXOGRAMA DA SCP

Neste tópico, elaboramos um fluxograma para resumir o funcionamento da SCP:

SCP
(Sociedade formada pela contribuição dos sócios)

Sócio Participante
(Pessoa física ou pessoa jurídica)
Não aparece nos negócios.

Sócia Ostensiva
(Pessoa jurídica)
Realiza, administra e aparece nos negócios.

2.16. CONTRATO SOCIAL DA SCP

Como já verificamos com base no Código Civil, o contrato social da SCP produz efeito somente entre os sócios, e a eventual inscrição de seu instrumento em qualquer registro **não confere personalidade jurídica à sociedade**.

Porém, fica resguardado o direito de fiscalizar a gestão dos negócios sociais pelo sócio participante, observando que este não pode tomar parte nas relações do sócio ostensivo com terceiros, sob pena de responder solidariamente com este pelas obrigações em que intervier.

Nada impede que o contrato seja elaborado com base nas regras estabelecidas para a Sociedade Simples, com as adaptações necessárias ao negócio e com base nos preceitos jurídicos que regem os contratos.

Assim, a título de exemplo, demonstraremos a seguir um modelo de contrato de social de SCP, tendo em vista também que pode ser utilizado como base o contrato social da sociedade limitada (Instrução Normativa DREI nº 81/2020), podendo ser adaptado à realidade da sociedade, conforme as disposições do Código Civil:

INSTRUMENTO PARTICULAR DE CONSTITUIÇÃO DE SOCIEDADE EM CONTA DE PARTICIPAÇÃO

PESSOA FÍSICA (nome), NACIONALIDADE, ESTADO CIVIL (indicar o regime de bens se for casado), natural da cidade de (município e UF da naturalidade), data de nascimento (se solteiro), [emancipado (se o titular for emancipado)], PROFISSÃO, documento identidade (número e órgão expedidor/UF), nº do CPF, RESIDENTE E DOMICILIADO no(a): (Logradouro), Bairro, (Complemento), (Município) – (UF), CEP; (art. 997, I, CC), ora designada **Sócio(a) Participante**.

SÓCIA PESSOA JURÍDICA (nome empresarial), CNPJ, NIRE ou número de inscrição no Cartório competente, com sede no(a): (Logradouro), Bairro, (Complemento), (Município) – (UF), CEP, representada por (NOME DO REPRESENTANTE), (NACIONALIDADE), (ESTADO CIVIL – indicar união estável, se for o caso), (REGIME DE BENS – se casado), natural da cidade de (município e UF da naturalidade), nascido em (DD/MM/AAAA), nº do documento de identidade (Órgão Emissor e UF), nº do CPF, RESIDENTE E DOMICILIADO no(a): (Logradouro), Bairro, (Complemento), (Município) – (UF), CEP; (art. 997, I, CC), ora designada **Sócia Ostensiva**.

SÓCIA PESSOA JURÍDICA ESTRANGEIRA (nome empresarial), CNPJ, nacionalidade, com sede no(a): ____, representada por (NOME DO REPRESENTANTE), (NACIONALIDADE), (ESTADO CIVIL – indicar união estável, se for o caso), (REGIME DE BENS – se casado), natural da cidade de (município e UF da naturalidade), nascido em (DD/MM/AAAA), nº do documento de identidade (Órgão Emissor e UF), nº do CPF, RESIDENTE E DOMICILIADO no(a): (Logradouro), Bairro, (Complemento), (Município) – (UF), CEP; (art. 997, I, CC), ora **designada Sócia Participante**.

(Não temos previsão de limitação de sócios)

Resolvem, em comum acordo, constituir uma Sociedade em Conta de Participação, mediante as condições e cláusulas seguintes:

DA SEDE

CLÁUSULA PRIMEIRA – A sede da sociedade será a mesma da sócia ostensiva, no seguinte endereço: (Logradouro), (Número), (Bairro), (Cidade) – UF, CEP, onde ficarão arquivados todos os documentos relativos à sociedade ora constituída.

DO OBJETO SOCIAL

CLÁUSULA SEGUNDA – A sociedade terá por objeto (descrever) e para sua realização, utilizará a denominação social da sócia ostensiva.

DO DESEMPENHO, INÍCIO DAS ATIVIDADES E DO PRAZO

CLÁUSULA TERCEIRA – A sociedade desempenhará suas atividades sob o nome individual da sócia ostensiva anteriormente designada, responsável pela administração da sociedade, que é constituída por tempo indeterminado, iniciando suas atividades na data de assinatura do presente instrumento.

DO PATRIMÔNIO ESPECIAL

CLÁUSULA QUARTA – Para fins de constituição do patrimônio especial da sociedade, objeto da conta de participação relativa aos negócios sociais nos termos do artigo 994, *caput*, do Código Civil (Lei nº 10.406/2002), os sócios subscrevem e integralizam em favor da sócia ostensiva, neste ato, em moeda corrente nacional, a importância de R$ XXXX (por extenso) cada um, perfazendo uma contribuição total de R$ XXXX (por extenso), conforme segue: (a integralização também pode ser em bens e/ou direitos, com o devido detalhamento e valor atribuído)

> **Reflita** sobre a integralização feita por pessoa física, em bens e/ou direitos, que pode ser pelo valor que consta em sua última DIRPF ou pelo valor de mercado, bem como em relação à pessoa jurídica, cuja integralização pode ser feita pelo valor contábil ou de mercado. Aqui inicia o planejamento tributário!

Parágrafo Primeiro – O capital encontra-se subscrito e integralizado pelos sócios da seguinte forma (integralização em espécie, bens ou direitos):

SÓCIO	Percentual de Participação	Valor da Contribuição
Nome	%	R$ XXXX
Nome	%	R$ XXXX
Nome	%	R$ XXXX
TOTAL	%	**R$ XXXX**

> Caso o capital não tenha sido integralizado ainda, analise a elaboração da cláusula com base no que segue: "O capital encontra-se subscrito e será integralizado até ___/___/___, em moeda corrente do País, a partir de ___/___/___ sendo distribuídas conforme segue:" (demonstrar o percentual de participação e o valor a integralizar).

DA TRANSFERÊNCIA DE QUOTAS E DA ADMISSÃO DE NOVOS SÓCIOS

CLÁUSULA QUINTA – A quota de participação de cada sócio não pode ser transferida ou alienada a terceiros, a qualquer título, sem o consentimento expresso dos demais, ficando assegurado o direito de preferência em igualdade de condições. E, aos sócios é vedado admitir novo sócio sem consentimento dos outros sócios.

DAS OBRIGAÇÕES

CLÁUSULA SEXTA – Nos termos do parágrafo único do artigo 991 da Lei nº 10.406/2002, obriga-se perante terceiros tão somente a sócia ostensiva; e, exclusivamente perante esta, os sócios participantes, nos termos deste contrato social.

DA ADMINISTRAÇÃO E RESPONSABILIDADE

CLÁUSULA SÉTIMA – A sociedade será administrada pela sócia ostensiva, à qual caberá a execução do objeto social e a responsabilidade das obrigações principais e acessórias, conforme a legislação tributária, contábil e trabalhistas vigentes.

DA PRESTAÇÃO DE CONTAS

CLÁUSULA OITAVA – A sócia ostensiva deverá efetuar prestação de contas mensal ao sócio participante, por meio de balancetes e outros documentos necessários ao esclarecimento do andamento das operações da sociedade.

DO BALANÇO PATRIMONIAL E DOS LUCROS

CLÁUSULA NONA – Ao término de cada exercício social, em 31 de dezembro, será elaborado um balanço patrimonial e balanço de resultado econômico, cabendo aos sócios, na proporção de suas quotas, a participação nos lucros ou perdas apurados, sendo certo que os lucros ou prejuízos apurados serão distribuídos ou suportados pelos sócios, na proporção das quotas-partes do patrimônio desta sociedade.

> Caso queira incluir cláusula de *pro labore*, atente-se que quem administra a sociedade é a sócia ostensiva, na figura do representante legal (pessoa física). Então, análise com critérios e verifique implicações em relação às questões previdenciárias.

DO FALECIMENTO OU DA EXTINÇÃO DE SÓCIOS

CLÁUSULA DÉCIMA – No caso de falecimento do sócio participante, a sociedade subsistirá por meio do sócio ostensivo, que repassará os lucros ou perdas aos herdeiros do sócio falecido (definir as regras). No caso de extinção da sócia ostensiva, a sociedade em conta de participação será dissolvida ou continuará com a inclusão de nova sócia ostensiva (definir regras).

DA FALÊNCIA DOS SÓCIOS

CLÁUSULA DÉCIMA PRIMEIRA – No caso de falência do sócio ostensivo, a sociedade será dissolvida, e no caso de falência do sócio participante, o contrato ficará sujeito aos efeitos da falência nos contratos bilaterais do falido, nos termos do artigo 994, §§ 2º e 3º, da Lei nº 10.406/2002.

DAS OMISSÕES

CLÁUSULA DÉCIMA SEGUNDA – Os casos omissos serão regulados pela Lei nº 10.406/2002, especificamente os artigos 991 a 996 e subsidiariamente e no que com ela for compatível, pelas regras da sociedade simples.

DO DESIMPEDIMENTO DOS SÓCIOS

CLÁUSULA DÉCIMA TERCEIRA – Os sócios declaram que não estão incursos em nenhum dos crimes previstos em Lei que os impeçam de exercer a atividade mercantil.

DO FORO

CLÁUSULA DÉCIMA QUARTA – Fica eleito o foro de XXXX, para dirimir quaisquer dúvidas e resolver os conflitos oriundos deste instrumento, com renúncia a qualquer outro, por mais privilegiado que seja.

E, por estarem assim justos e contratados, assinam o presente instrumento em 03 (três) vias da mesma forma e teor, para que produza um só efeito, o que fazem na presença de duas testemunhas juridicamente capazes, abaixo identificadas, que a tudo assistiram e também o firmam, sendo a primeira via para o devido registro e arquivamento no Cartório de Títulos e Documentos.

Local e data
Assinatura(s) dos sócios
Testemunhas

> Nada impede a assinatura de um advogado.
> Outras cláusulas podem ser incluídas e/ou adaptadas conforme as necessidades do acordo entre os sócios, desde que não fira direitos e não encerre obrigações inerentes a este tipo societário.

2.17. INSCRIÇÃO NO CNPJ

Como verificamos, a SCP não possui personalidade jurídica, mesmo que tenha seu instrumento de constituição registrado em algum órgão.

A RFB (antigamente denominada Secretaria da Receita Federal), por sua vez, seguiu tal disposição, quando da publicação da Instrução Normativa SRF nº 179/1987, item 4, dispondo que não será exigida a inscrição da SCP no Cadastro Geral de Contribuintes do Ministério da Fazenda – CGC/MF.

Com a publicação da **Solução de Consulta nº 121 – Cosit – Data 27 de maio de 2014**, a RFB esclareceu o que segue:

"ASSUNTO: Obrigações Acessórias

EMENTA: CADASTRO NACIONAL DA PESSOA JURÍDICA (CNPJ). OBRIGAÇÃO ACESSÓRIA. INSTITUIÇÃO POR ATO DA RECEITA FEDERAL. SOCIEDADE EM CONTA DE PARTICIPAÇÃO (SCP). POSSIBILIDADE. EXISTÊNCIA DE NORMA ESPECÍFICA QUE ISENTA A OBRIGAÇÃO. NÃO OBRIGATORIEDADE.

Compete à Secretaria da Receita Federal do Brasil (RFB) dispor sobre obrigações acessórias, cuja instituição deve constar em ato normativo próprio.

A possibilidade de instituição de obrigação acessória por ato infralegal não flexibiliza a necessidade de que a obrigação esteja expressa em ato normativo da RFB. Como obrigação acessória, a Receita Federal pode exigir a inscrição no Cadastro Nacional de Pessoa Jurídica – CNPJ da Sociedade em Conta de Participação (SCP).

A atual Instrução Normativa que trata do assunto determina a inscrição no CNPJ de todas as pessoas jurídicas domiciliados no Brasil, inclusive as equiparadas, mas não trata especificamente das SCP.

A existência de ato normativo da RFB que desobriga expressamente a inscrição no antigo CGC da SCP continua vigente, e somente poderia ser considerado tacitamente revogado se a atual IN determinasse especificamente a obrigatoriedade de as SCP estarem inscritas no CNPJ.

Enquanto não houver a revogação expressa do ato normativo de isenção de obrigação de fazer e/ou a inclusão em ato normativo da obrigatoriedade de SCP se inscrever em CNPJ, a SCP não está obrigada a se inscrever no CNPJ. DISPOSITIVOS LEGAIS: Lei nº 5.172, de 25 de outubro de 1966 – Código Tributário Nacional (CTN), art. 2 § 113 e art. 96; Lei nº 9.779, de 19 de janeiro de 1999, art. 16; Lei nº 10.406, de 2002 – Código Civil (CC), arts. 991 a 996 e 1.162; IN RFB nº 1.183, de 2011; IN SRF nº 179, de 1987".

Ou seja, para que a SCP seja obrigada a efetuar a inscrição no CNPJ é necessário que haja disposição expressa sobre isso.

Todavia, a **Instrução Normativa RFB nº 1.470/2014**, já revogada, alterou essa disposição, estabelecendo no *caput* do art. 3º, que todas as pessoas jurídicas domiciliadas no Brasil, inclusive as equiparadas, estão obrigadas a inscreverem seus estabelecimentos no CNPJ. Gerando dúvidas sobre o que seriam essas equiparadas.

Mas, com a publicação da **Solução de Consulta DISIT/SRRF04 nº 4.017, de 26.03.2015**, tivemos o esclarecimento necessário:

"Assunto: Obrigações Acessórias

Ementa: As sociedades em conta de participação devem inscrever-se no Cadastro Nacional da Pessoa Jurídica (CNPJ), ainda que tenham sido constituídas antes da entrada em vigor da Instrução Normativa RFB nº 1.470, de 2014, publicada no Diário Oficial da União de 3 de junho de 2014 e retificada no dia 9 subsequente, que determinou a inscrição naquele cadastro de todas as pessoas jurídicas domiciliadas no Brasil, inclusive aquelas equiparadas pela legislação do Imposto sobre a Renda. SOLUÇÃO DE CONSULTA VINCULADA À SOLUÇÃO DE CONSULTA COSIT Nº 121, DE 27 DE MAIO DE 2014.

Dispositivos Legais: Lei nº 5.172, de 1966 (Código Tributário Nacional), art. 113, § 2º; Decreto-Lei nº 2.303, de 1986, art. 7º, caput; Lei nº 10.406, de 2002 (Código Civil), arts. 991 a 996; Lei nº 9.779, de 1999, art. 16; Decreto nº 3.000, de 1999 (Regulamento do Imposto sobre a Renda), art. 148; Instrução Normativa RFB nº 1.470, de 2014, arts. 3º, caput, e 52; Solução de Consulta Cosit nº 121, de 2014".

> As Instruções Normativas posteriores à Instrução Normativa RFB nº 1.470 mantiveram essa determinação, até a atual, Instrução Normativa RFB nº 1.863/2018, esclarecendo que são as equiparadas pela legislação do Imposto sobre a Renda.

Logo, desde 03.06.2014, as sociedades em conta de participação constituídas antes ou a partir desta data, devem ser inscritas no CNPJ.

2.17.1. Utilização do Sistema REDESIM

Atualmente, as inscrições no CNPJ devem ser feitas com a utilização do sistema REDESIM, por meio do sítio na internet: https://www.gov.br/empresas-e-negocios/pt-br/redesim, utilizando normalmente o item para abertura de pessoa jurídica.

A Instrução Normativa RFB nº 1.863/2018, traz o ANEXO VIII – TABELA DE DOCUMENTOS E ORIENTAÇÕES, a seguir demonstrada:

Item	Natureza Jurídica (NJ)	Data do Evento	Ato Constitutivo (regra geral)	Base Legal
1.1.20	Sociedade em Conta de Participação: NJ 212-7.	Data constante do documento.	Documento que comprove a existência da Sociedade em Conta de Participação entre os sócios ostensivo e participante, sem necessidade de registro em qualquer órgão.	CC, arts. 991 a 996. Decreto-Lei 2.303/86, art. 7º.

Conforme o conteúdo de "Ajuda" do sistema, algumas orientações:

Tabela II – Natureza Jurídica e Qualificação do Responsável

NATUREZA JURÍDICA		QUALIFICAÇÃO DO RESPONSÁVEL	
CÓDIGO	DESCRIÇÃO	PESSOA FÍSICA	CÓDIGO
ENTIDADES EMPRESARIAIS			
212-7	Sociedade em Conta de Participação	Administrador/Procurador/ Sócio Ostensivo	05, 17 e 31

Tabela III – Qualificação

CÓDIGO	DESCRIÇÃO
31	Sócio Ostensivo

Tabela IV – Natureza Jurídica/Quadro de Sócios e Administradores

A seguir demonstramos parte de um modelo do protocolo de inscrição da SCP que deverá ser gerado, conforme os dados da sociedade, inseridos no sistema. Apenas evidenciamos os dados que requerem mais atenção:

Capítulo 2 Societário – Sociedade em Conta de Participação (SCP)

```
REDESIM

Resumo do Documento

Protocolo REDESIM:

━━━━━━━━━━━━━━━━━━━━━━━━━━━━━━━━━━━━━━━━━━━━━━━━━
📇 FCPJ
━━━━━━━━━━━━━━━━━━━━━━━━━━━━━━━━━━━━━━━━━━━━━━━━━
Eventos

                    Evento                              Data do Evento
┌──────────────────────────────────────────┐
│ 101 - Inscrição de primeiro estabelecimento │
└──────────────────────────────────────────┘
```

```
Identificação da Pessoa Jurídica

Número do CNPJ


Nome Empresarial (firma ou denominação)


┌──────────────────────────────────────┐
│ Natureza Jurídica                     │          Capital Social
│ 2127 - Sociedade em Conta de Participação │
└──────────────────────────────────────┘
Título do Estabelecimento (nome de fantasia)


Dados do Órgão de Registro

Órgão de Registro
```

Os demais dados devem ser preenchidos conforme a solicitação do sistema.

A seguir um modelo do CNPJ:

SOCIEDADE EM CONTA DE PARTICIPAÇÃO

REPÚBLICA FEDERATIVA DO BRASIL
CADASTRO NACIONAL DA PESSOA JURÍDICA

NÚMERO DE INSCRIÇÃO MATRIZ	COMPROVANTE DE INSCRIÇÃO E DE SITUAÇÃO CADASTRAL	DATA DE ABERTURA

NOME EMPRESARIAL

TÍTULO DO ESTABELECIMENTO (NOME DE FANTASIA) — PORTE: **DEMAIS**

CÓDIGO E DESCRIÇÃO DA ATIVIDADE ECONÔMICA PRINCIPAL
68.21-8-02 - Corretagem no aluguel de imóveis

CÓDIGO E DESCRIÇÃO DAS ATIVIDADES ECONÔMICAS SECUNDÁRIAS
68.22-6-00 - Gestão e administração da propriedade imobiliária
81.11-7-00 - Serviços combinados para apoio a edifícios, exceto condomínios prediais

CÓDIGO E DESCRIÇÃO DA NATUREZA JURÍDICA
212-7 - SOCIEDADE EM CONTA DE PARTICIPACAO

LOGRADOURO | NÚMERO | COMPLEMENTO
CEP | BAIRRO/DISTRITO | MUNICÍPIO | UF
ENDEREÇO ELETRÔNICO | TELEFONE

ENTE FEDERATIVO RESPONSÁVEL (EFR)
*****

SITUAÇÃO CADASTRAL
ATIVA | DATA DA SITUAÇÃO CADASTRAL

MOTIVO DE SITUAÇÃO CADASTRAL

SITUAÇÃO ESPECIAL
******** | DATA DA SITUAÇÃO ESPECIAL

Em relação ao Quadro de Sócios e Administradores, no caso consultado, não temos a informação. Porém, quando estiver inserindo os dados no REDESIM, atente-se para as informações, e observe se não existe a obrigatoriedade em indicar a sócia ostensiva.

Consulta Quadro de Sócios e Administradores - QSA

CNPJ:
NOME EMPRESARIAL:
CAPITAL SOCIAL:

NÃO HÁ INFORMAÇÃO DE QUADRO DE SÓCIOS E ADMINISTRADORES (QSA) NA BASE DE DADOS DO CNPJ

2.18. OUTRAS INSCRIÇÕES

É necessário verificar se a Sociedade em Conta de Participação está obrigada a ter inscrição no Estado, Município e em outros órgãos pertinentes à sua atividade.

Contudo, a título de auxílio, reproduzimos abaixo Resposta à Consulta Tributária da Secretaria da Fazenda de São Paulo, tendo ciência de que cada Estado possui a sua legislação própria:

"RESPOSTA À CONSULTA TRIBUTÁRIA 19.005/2019, de 29 de Janeiro de 2019.

- **Disponibilizado no site da SEFAZ em 12/02/2019.**

Ementa

ICMS – Obrigações Acessórias – Inscrição Estadual – Sociedade em conta de participação.

I. A sociedade em conta de participação não é contribuinte do ICMS por ser sociedade despersonalizada.

II. Mesmo estando obrigada a ter CNPJ, não está obrigada a se inscrever no âmbito estadual, nem a cumprir obrigações acessórias em nome próprio.

III. Caso a inscrição estadual tenha sido automaticamente gerada, enquanto permanecer ativa, as obrigações acessórias decorrentes (artigo 498 do RICMS/SP) deverão ser cumpridas em nome do sócio ostensivo.

Relato

1. A Consulente, por sua CNAE (35.13-1/00), comerciante atacadista de energia elétrica, ingressa com consulta questionando, em suma, os corretos procedimentos fiscais para baixa de inscrição estadual de Sociedade em Conta de Participação (SCP).

2. Nesse contexto, a Consulente informa ser sócia ostensiva de SCP, pessoa jurídica despersonalizada, constituída para realizar operações de comércio atacadista de energia elétrica.

3. Nessa linha, expõe que a SCP é uma sociedade não personificada, de modo que a atividade constitutiva do objeto social é exercida unicamente pelo sócio ostensivo (Consulente), sob sua própria

e exclusiva responsabilidade, respondendo também por todas as obrigações perante terceiros (conforme artigo 991, parágrafo único, do Código Civil). Portanto, depreende desse dispositivo legal que as obrigações principais e acessórias na seara tributária também devem ser exercidas pelo sócio ostensivo.

4. No entanto, discorre que, em 30 de maio de 2014, foi publicada a Instrução Normativa RFB nº 1.470, que dispôs acerca da obrigatoriedade de inscrição no Cadastro Nacional de Pessoas Jurídicas (CNPJ) para todas as pessoas jurídicas domiciliadas no Brasil, inclusive as equiparadas pela legislação do Imposto sobre a Renda (caso das SCP – artigo 148 do RIR/99). Posteriormente, foi publicada a Instrução Normativa RFB nº 1.634, a qual revogou a IN RFB nº 1.470/2014, mas manteve a obrigatoriedade de inscrição no CNPJ. Informa, assim, que atualmente essa determinação encontra respaldo nos artigos 3º e 4º, inciso XVII, ambos da IN RFB nº 1.863/2018.

5. Diante disso, em cumprimento a esta determinação da Receita Federal, a Consulente relata que realizou a inscrição no CNPJ da SCP, gerando inscrição estadual perante este fisco estadual. Entretanto, a Consulente entende que, por ser uma sociedade em conta de participação, não possuindo personalidade ou capacidade jurídica, não pode ser caracterizada como contribuinte do ICMS e, portanto, não pode assumir obrigações principais ou acessórias.

6. Sendo assim, por esta razão, entende que a inscrição estadual da SCP, gerada automaticamente pelo sistema, deve ser cancelada, assim como todas as obrigações acessórias ou principais vinculadas a este registro. Consequentemente, considera que eventuais obrigações acessórias ou principais deverão ser cumpridas pelo sócio ostensivo. Expõe ainda que esta Consultoria Tributária já se manifestou nesse sentido por meio da Resposta à Consulta nº 7.941/2015.

7. Dessa feita, ante o exposto, questiona se:

    7.1. A inscrição estadual gerada automaticamente pelo sistema para a SCP em razão da inscrição no CNPJ pode ser cancelada tendo em vista sua natureza jurídica de sociedade em conta de participação?

7.2. As obrigações acessórias não entregues até o cancelamento da inscrição estadual deverão ser transmitidas?

7.3. Caso se entenda pela entrega das obrigações acessórias até o momento do cancelamento, considerando que as mesmas já foram entregues pela sócia ostensiva, poderão ser entregues sem movimento?

7.4. Caso se entenda pela entrega das obrigações acessórias até o momento do cancelamento, ou seja, em atraso, haverá a imposição de algum tipo de penalidade ou será aplicada a previsão do artigo 529 do RICMS/SP (denúncia espontânea)?

Interpretação

8. Preliminarmente, para elaboração desta resposta, parte-se da premissa de que a presente consulta foi protocolada em nome e interesse do sócio ostensivo (Consulente), detentor de personalidade jurídica.

9. Feita essa consideração preliminar, salienta-se o disposto no artigo 991 do Código Civil:

"Art. 991. Na sociedade em conta de participação, a atividade constitutiva do objeto social é exercida unicamente pelo sócio ostensivo, em seu nome individual e sob sua própria e exclusiva responsabilidade, participando os demais dos resultados correspondentes.

Parágrafo único. Obriga-se perante terceiro tão-somente o sócio ostensivo; e, exclusivamente perante este, o sócio participante, nos termos do contrato social".

10. Assim, conforme se observa a partir do dispositivo transcrito acima, a realização do objeto social, bem como todo cumprimento de obrigações, nas SCPs, são de responsabilidade exclusiva do sócio ostensivo. Por serem despersonalizadas, as SCPs não têm capacidade jurídica para assumir direitos e obrigações e, portanto, não podem ser contribuintes do ICMS. Dessa forma, também não devem se inscrever no âmbito estadual por disposição dos artigos 9º e 19 do RICMS/SP.

11. Considerando que a Instrução Normativa RFB nº 1.863/2018 prevê a obrigação de inscrição no CNPJ para as SCPs, em vista da

vinculação do sistema cadastral, a inscrição no âmbito federal pode gerar, de forma automática, uma inscrição estadual da SCP. Se este for o caso, enquanto não houver a baixa da inscrição estadual, em que pese as peculiaridades das SCPs, entende-se que as obrigações acessórias decorrentes devem ser cumpridas em nome do sócio ostensivo (em vista do que dispõe o artigo 498 do RICMS/SP).

12. Portanto, ao efetuar sua inscrição no CNPJ, caso seja automaticamente gerado o número de inscrição estadual no Cadastro de Contribuintes do Estado de São Paulo, recomenda-se que a Consulente dirija-se ao Posto Fiscal de sua vinculação para solicitar a baixa dessa inscrição em função do disposto nesta Resposta, bem como para resolver demais pendências decorrentes da referida inscrição estadual. Se o Posto Fiscal encontrar dificuldade para operacionalizar esses ajustes, deverá buscar orientação junto à Diretoria Executiva da Administração Tributária (DEAT).

13. Por fim, observa-se que a SCP objeto da presente consulta ingressou, em nome próprio, com consulta de mesmo teor (Resposta à Consulta nº 17.628/2018), devidamente respondida por este órgão consultivo em 12/07/2018.

14. Com esses esclarecimentos, consideram-se dirimidas as dúvidas apresentadas na consulta.

A Resposta à Consulta Tributária aproveita ao consulente nos termos da legislação vigente. Deve-se atentar para eventuais alterações da legislação tributária.

Assim, orientamos que realize a análise da legislação dos órgãos estadual e municipal quanto ao tratamento deste tipo societário.

Portanto, findamos esse capítulo, abordando as informações necessárias e norteadoras para fins do tratamento societário da Sociedade em Conta de Participação.

Capítulo 3
Contabilidade – Sociedade em Conta de Participação (SCP)

3.1. INTRODUÇÃO

Este Capítulo tem como objetivo abordar de forma clara e objetiva as técnicas contábeis nas Sociedades em Conta de Participação (SCP) e expor exemplos práticos de lançamentos contábeis, estrutura das demonstrações financeira e, por fim, avaliar as formas de apuração e reconhecimento dos resultados originados pelas SCP.

A contabilidade tem como objetivo identificar, mensurar e comunicar os eventos econômicos de uma entidade e sua aplicação independente do seu regime societário.

A Sociedade em Conta de Participação é uma sociedade com procedimentos peculiares, assim como a sua forma de constituição, contabilização e controles; diante destas particularidades, surge a dúvida sobre a aplicação da contabilidade nas SCPs e por isso vamos abordar neste capítulo os principais processos contábeis aplicados nas SCPs.

3.2. INTEGRALIZAÇÃO DE CAPITAL

Os valores ou bens capitalizados na Sociedade em Conta de Participação pelos sócios ocultos e ostensivos são tratados como investimentos, inclusive sujeitos aos procedimentos de equivalência patrimonial quando se enquadrarem no conceito de investimentos em coligadas, controladas ou empreendimentos controlados em conjunto, com exceção do tópico *"Operação em conjunto"* que trata de um tipo de negócio que possui regras e procedimentos específicos.

3.2.1. Contabilização do aporte de capital na SCP (sócio ostensivo e sócio oculto)

D – Investimento em SCP
C – Banco ou outros bens do ativo

> **Nota**
> Os sócios terão que detalhar as condições do(s) investimento(s) em notas explicativas.
>
> **Por exemplo:**
>
> **Nota explicativa 1 Investimentos**
>
> a) Criação da Sociedade em Conta de Participação Empreendimentos SCP
>
> Em 20 de novembro de 201X, a Companhia Participações Imobiliária S.A. constituiu uma Sociedade em Conta de Participação, denominada Empreendimentos SCP, com o propósito específico de captar recursos financeiros pela administração e locação de empreendimentos imobiliários.
>
> Para constituição da sociedade Empreendimentos SCP, a Companhia Participações Imobiliária S.A., na qualidade de sócia ostensiva, aportou R$ 10 milhões em moeda corrente do país, enquanto os sócios ostensivos aportaram R$ 2 milhões na sociedade.
>
> b) Critério de Avaliação de investimento
>
> A Companhia Participações Imobiliária S.A., na qualidade sócia ostensiva e controladora da sociedade Empreendimentos SCP, avalia seus investimentos pelo método de equivalência patrimonial.

3.2.2. Contabilização do recebimento do aporte de capital pelas SCP

D – Banco
C – Capital Social – SCP (PL)

3.3. TRATAMENTO CONTÁBIL DAS OPERAÇÕES REALIZADAS PELA SCP

3.3.1. Introdução

Atualmente não existe uma norma ou orientação técnica específica para contabilização das operações realizadas pelas Sociedades em Conta de Participação. Em razão desta ausência de norma específica, o profissional responsável pela contabilidade da SCP deverá analisar as condições contratuais do negócio para realizar as contabilizações e elaborar o conjunto das demonstrações financeiras das SCPs.

Diante do cenário exposto, este Capítulo irá abordar de forma prática e concisa as possíveis metodologias contábeis aplicáveis para as Sociedades em Conta de Participação que são:

- **Negócios em conjunto:**
  - **operação** em conjunto – *Joint operation* (visão contábil);
  - **empreendimento** controlado em conjunto – *Joint venture* (visão contábil);

- **Escrituração contábil da SCP sob a ótica fiscal.**

3.3.2. Negócios em conjunto

3.3.2.1. Introdução

O CPC 19 (R2) é o Pronunciamento Contábil que disciplina sobre os procedimentos técnicos de contabilização em operações de negócios controlados em conjunto; observa-se que o termo técnico usado é **negócios em conjunto,** ou seja, **é um negócio do qual duas ou mais partes**

obtêm o controle conjunto mediante acordos contratuais; características estas que aplicam nas Sociedades em Contas de Participação.

É interessante frisar que as operações classificadas como negócios em conjunto têm duas formas de contabilização, que dependerão das condições do contrato, conforme exposto nos itens seguintes deste Capítulo.

- **Tipos de negócios em conjunto:**
  - **Operação em conjunto**

Operação em conjunto *(joint operation)* é um negócio em conjunto segundo o qual as partes integrantes que detêm o controle conjunto do negócio têm direitos sobre os ativos e têm obrigações pelos passivos relacionados ao negócio.

Exemplo: uma produtora de eventos faz uma parceria contratual com uma entidade cujo objeto social é a montagem de estrutura metálicas para realização de um evento musical. Ambas se comprometem a investir na operação conforme suas atividades e se responsabilizam pelas obrigações do evento.

A produtora entrará no negócio com os equipamentos musicais e administração do evento e a outra ficará responsável pela organização e montagem do palco.

- **Empreendimento** controlado em conjunto (*joint venture*)

Empreendimento controlado em conjunto *(joint venture)* é o acordo contratual em que duas ou mais partes se **comprometem à realização de atividade econômica** que está sujeita ao controle conjunto.

Exemplo: duas entidades decidem constituir uma Sociedade em Conta de Participação (SCP), cuja atividade será a construção e venda de apartamentos. Para realização desta atividade, uma incorporadora de empreendimentos imobiliários (sócio ostensivo) faz a SCP através de um terreno e o sócio oculto realiza o aporte do capital com materiais de construção.

> **Nota**
>
> 1) Controle é o poder de governar as políticas financeiras e operacionais da entidade de forma a obter benefício das suas atividades; exemplo: sócio ostensivo.
>
> 2) Investidor em empreendimento controlado em conjunto é um dos participantes do empreendimento que não compartilha do controle conjunto sobre o empreendimento; exemplo: sócio oculto.
>
> 3) Controle conjunto é o compartilhamento do controle, contratualmente estabelecido, sobre uma atividade econômica e que existe somente quando as decisões estratégicas, financeiras e operacionais relativas à atividade exigirem o consentimento unânime das partes que compartilham o controle (os empreendedores).
>
> 4) Investidor conjunto (*joint venture*) é uma parte de um empreendimento controlado em conjunto (*joint venture*) que detém o controle conjunto desse empreendimento.

3.3.2.2. Operação em conjunto

Operação em conjunto *(joint operation)* é um negócio pelo qual as partes integrantes que detêm o controle conjunto do negócio **obtêm os direitos sobre os ativos e obtemos obrigações pelos passivos relacionados ao negócio**. Essas partes são denominadas de **operadores em conjunto**.

Uma das principais características em uma operação em conjunto é a condição do negócio, ou seja, as operações em conjunto têm como característica principal o direito sobre o ativo e sua obrigação com o passivo do negócio; por exemplo: a empresa A (sócio ostensivo) junto com a empresa B (sócio oculto) adquiriram uma plataforma de petróleo (50% para cada um) e fizeram um acordo contratual de fabricação e compartilhamento das despesas e receitas deste ativo, nota-se que o exemplo exposto não menciona em aquisição de participações societárias e nem as formalidades requeridas das sociedades anônimas ou limitadas, prevalecendo apenas um contrato entre as partes ou documento equivalente na realização do negócio.

3.3.2.2.1. Contabilização de operações em conjunto

Para este tipo de negócio, a entidade deve contabilizar as operações conforme as condições do contrato e respeitar a proporção do ativo capitalizado no negócio em conjunto.

- **Itens 20 e 21 do CPC 19 (R2)**

20. Operador em conjunto deve reconhecer, com relação aos seus interesses em operação em conjunto (*joint operation*):

(a) seus ativos, incluindo sua parcela sobre quaisquer ativos detidos em conjunto;

*(b) **seus passivos**, incluindo sua parcela sobre quaisquer passivos assumidos em conjunto;*

*(c) **sua receita de venda** da sua parcela sobre a produção advinda da operação em conjunto (*joint operation*);*

*(d) **sua parcela sobre a receita de ven**da da produção da operação em conjunto (*joint operation*); e*

*(e) **suas despesas**, incluindo sua parcela sobre quaisquer despesas incorridas em conjunto.*

*21. Operador em conjunto deve contabilizar os ativos, passivos, receitas e despesas relacionados aos seus interesses em operação em conjunto (*joint operation*) de acordo com os Pronunciamentos Técnicos, Interpretações e Orientações do CPC aplicáveis aos ativos, passivos, receitas e despesas específicos.*

21A. Quando a entidade adquire uma participação em operação conjunta em que a atividade da operação conjunta constitui um negócio, tal como definido no Pronunciamento Técnico CPC 15, aplicam-se, na extensão de sua participação, de acordo com o item 20, todos os princípios sobre a contabilização de combinação de negócios do Pronunciamento Técnico CPC 15 e outros pronunciamentos, que não conflitem com as orientações deste pronunciamento. A entidade deve divulgar as informações exigidas por aqueles pronunciamentos em relação à combinação de negócios. Isto se aplica às aquisições de participação inicial e adicionais em operação conjunta em que a atividade da operação conjunta constitui um negócio. A contabilização da aquisi-

ção de participação nesse tipo de operação conjunta está especificada nos itens B33A a B33D. (Incluído pela Revisão CPC 08)

Nota-se que os itens 20 e 21 do CPC 19 determinam que o reconhecimento contábil das **Operações em conjunto** deve ser conforme o ativo investido e as condições do contrato e **não** como investimento (método de equivalência patrimonial) que é o caso de **Empreendimento controlado em conjunto (*joint venture*)**, por isso, é fundamental que o responsável técnico e os sócios analisem o contrato e qual tipo de negócio a SCP irá realizar. Feita a análise, os responsáveis terão elementos suficientes para definir qual forma de reconhecimento contábil será aplicado para o negócio.

3.3.2.2.2. Exemplo

Para facilitar o entendimento, suponhamos que a Alfa Indústria de Alimentos e Bebidas Ltda. e Beta Organização de Eventos Ltda. resolvem constituir uma Sociedade em conta de Participação para realizar um grande evento para empresários locais.

O evento foi promovido pela prefeitura de uma determinada cidade e tem como objetivo promover e atrair investimentos para região.

O contrato da SCP determina que ambas as partes se comprometam a investir na operação conforme o portfólio de suas atividades e se responsabilizem pelo compartilhamento das despesas do negócio na proporção do capital investido.

Alfa Indústria de Alimentos e Bebidas Ltda. entrará no negócio com R$ 350.000,00 em alimentos e bebidas e a Beta Organização de Eventos Ltda. com R$ 150.000,00 em materiais decorativos e outros materiais necessários para realização do evento.

- **Composição do Capital da SCP**

Sócio	Valor em R$	Participação no capital
Alfa Indústria de Alimentos e Bebidas ltda.	R$ 350.000,00	70%
Beta Organização de Eventos Ltda.	R$ 150.000,00	30%
Capital da SCP	R$ 500.000,00	100%

Fatos contábeis da operação em conjunto
Banco (recebimentos pelo serviço prestado) R$ 1.500.000,00
Estoque (alimentos, bebidas e materiais decorativos) R$ 500.000,00
Receita Bruta R$ 1.500.000,00
Tributos sobre as receitas R$ 150.000.00
Custo (alimentos e bebidas) R$ 350.000,00
Outros custos (material decorativo etc...) R$ 150.000,00
Despesas administrativas R$ 15.000,00
Despesas diversas R$ 10.000,00
Tributos sobre o lucro (IRPJ e CSLL) R$ 250.000,00

- **Lançamento pelo aporte de capital**

Alfa Ind. de Alimentos e Bebidas Ltda.	Beta Organização de Eventos Ltda.	Sociedade em Conta de Participação
D – Conta corrente – SCP ....R$ 350.000,00 C – Estoque ....R$ 350.000,00	D – Conta corrente – SCP.......R$ 150.000,00 C – Estoque......R$ 150.000,00	D – Estoque Sócio Alfa.......... R$ 350.000,00 C – Conta corrente Sócio Alfa..................R$ 350.000,00 D – Estoque Sócio Beta ....R$ 150.000,00 C – Conta corrente Sócio Beta ....R$ 150.000,00

- **Reconhecimento dos custos e receitas**

Itens 20 e 21 do CPC 19 (R2)

*20. Operador em conjunto **deve reconhecer, com relação aos seus interesses em operação** em conjunto (joint operation):*

*(a) **seus ativos**, incluindo sua parcela sobre quaisquer ativos detidos em conjunto;*

*(b) **seus passivos**, incluindo sua parcela sobre quaisquer passivos assumidos em conjunto;*

*(c) **sua receita de venda** da sua parcela sobre a produção advinda da operação em conjunto (joint operation);*

*(d) **sua parcela sobre a receita** de venda da produção da operação em conjunto (joint operation); e*

*(e) **suas despesas**, incluindo sua parcela sobre quaisquer despesas incorridas em conjunto.*

21. Operador em conjunto deve contabilizar os ativos, passivos, receitas e despesas relacionados aos seus interesses em operação em conjunto (joint operation) de acordo com os Pronunciamentos Técnicos, Interpretações e Orientações do CPC aplicáveis aos ativos, passivos, receitas e despesas específicos.

SOCIEDADE EM CONTA DE PARTICIPAÇÃO

Alfa Indústria de Alimentos e Bebidas Ltda.	Beta Organização de Eventos Ltda.	Sociedade em Conta de Participação
Reconhecimento da Receita D – Conta corrente – SCP (70% de 1500.000,00) .... R$ 1.050.000,00 C – Receita – operação em conjunto – SCP .... R$ 1.050.000,00 **Reconhecimento dos tributos sobre a receita** D – Tributos sobre a receita (redutora da receita) .... R$ 105.000,00 C – Conta corrente – SCP (70% de 150.000,00) .... R$ 105.000,00 **Reconhecimento do custo** D – Custo – operação em conjunto .... R$ 350.000,00 C – Conta corrente – SCP ,,.......................... R$ 350.000,00	**Reconhecimento da Receita** D – Conta corrente – SCP (30% de 1500.000,00) .... R$ 450.000,00 C – Receita – operação em conjunto – SCP .... R$ 450. 000,00 **Reconhecimento dos tributos sobre a receita** D – Tributos sobre a receita (redutora da receita) .... R$ 45.000,00 C – Conta corrente – SCP (30% de 150.000,00) .... R$ 45.000,00 **Reconhecimento do custo** D – Custo – operação em conjunto .... R$ 150.000,00 C – Conta corrente – SCP .... R$ 150.000,00	**Reconhecimento da Receita** D – Banco (100% de R$ 1.500.000,00)..................... .... R$ 1.500.000,00 C – Conta corrente Sócio Beta .... R$ 450.000,00 C – Conta corrente Sócio Alfa .... R$ 1.050.000,00 **Reconhecimento e pagamento dos tributos sobre a receita** D – Conta corrente Sócio Beta .... R$ 45.000,00 D – Conta corrente Sócio Alfa .... R$ 105.000,00 C – Tributos s/ a receita a pagar (100% de 150.000,00)................ .... R$ 150.000,00 D – Tributos s/ a receita a pagar (100% de 150.000,00)................... .....,,,,,,,,,,,,,,,,,,,,,, R$ 150.000,00 * C – Banco (100% de 150.000,00) .... R$ 150.000,00 * Para simplificar o exemplo, o pagamento dos tributos foram realizados pela SCP **Reconhecimento do custo** D – Conta corrente Sócio Alfa .... R$ 350.000,00 C – Estoque Sócio Alfa............... .... R$ 350.000,00 D – Conta corrente Sócio Beta.. .... R$ 150.000,00 C – Estoque Sócio Beta ....R$ 150.000,00

Capítulo 3 Contabilidade – Sociedade em Conta de Participação (SCP)

- **Reconhecimento das despesas compartilhadas**

Alfa Ind. de Alimentos e Bebidas Ltda.	Beta Organização de Eventos Ltda.	Sociedade em Conta de Participação
Reconhecimento das Despesas	Reconhecimento das Despesas	Reconhecimento das Despesas
D – Despesas Adm. – Op. em conjunto – SCP .... R$ 10.500,00	D – Despesas Adm. – Op. em conjunto – SCP......................... .... R$ 4.500,00	D – Conta corrente Sócio Beta .... R$ 4.500,00
C – Conta corrente – SCP .... R$ 10.500,00	C – Conta corrente – SCP .... R$ 4.500,00	D – Conta corrente Sócio Alfa ....R$ 10.500,00
D – Despesas divers. – Op. em conjunto – SCP .... R$ 7.000,00	D – Despesas diversas – Op. em conjunto – SCP .... R$ 3.000,00	C – Fornecedor a pagar .... R$ 15.000,00
C – Conta corrente – SCP .... R$ 7.000,00	C – Conta corrente – SCP .... R$ 3.000,00	D – Conta corrente Sócio Beta .... R$ 3.000,00
Reconhecimento do IRPJ e CSLL	Reconhecimento do IRPJ e CSLL	D – Conta corrente Sócio Alfa .... R$ 7.000,00
D – IRPJ e CSLL – Op. em conjunto – SCP .... R$ 175.000,00	D – IRPJ e CSLL – Op. em conjunto – SCP......................... .... R$ 75.000,0	C – Fornecedor a pagar .... R$ 10.000,00
C – Conta corrente – SCP (70% de 250.000,00) .... R$ 175.000,00	C – Conta corrente – SCP (30% de 250.000,00) .... R$ 75.000,00	Pagamento de Fornecedor
		D – Fornecedor a pagar .... R$ 25.000,0
		C – Banco (100% de 25.000,00) .... R$ 25.000,00
		Reconhecimento do IRPJ e CSLL
		D – Conta corrente Sócio Alfa .... R$ 175.000,00
		D – Conta corrente Sócio Beta .... R$ 75.000,00
		C – IRPJ e CSLL a pagar (100% de 250.000,00) .... R$ 250.000,00
		D – IRPJ e CSLL a pagar (100% de 250.000,00) .... R$ 250.000,00
		* C – Banco (100% de 150.000,00) .... R$ 250.000,00
		* Para simplificar o exemplo, o pagamento dos tributos foram realizados pela SCP

SOCIEDADE EM CONTA DE PARTICIPAÇÃO

• Reconhecimento e fechamento do Resultado

Alfa Indústria de Alimentos e Bebidas Ltda.	Beta Organização de Eventos Ltda.	Sociedade em Conta de Participação
Encerramento das contas de resultado D – Receita – operação em conjunto – SCP........................ .... R$ 1.050.000,00 C – Resultado do exercício – ARE .... R$ 1.050.000,00 D – Resultado do exercício – ARE .... R$ 647.500,00 C – Tributos sobre a receita (redutora da receita) .... R$ 105.000,00 C – Custo – operação em conjunto .... R$ 350.000,00 C – Despesas diversas – Op. em conjunto – SCP................... .... R$ 7.000,00 C – Despesas Adm. – Op. em conjunto – SCP........................ .... R$ 10.500,00 C – IRPJ e CSLL – Op. em conjunto – SCP........................ .... R$ 175.000,00 **Transferência do resultado para Reserva de Lucros** D – Resultado do exercício – ARE .... R$ 402.500,00 C – Reserva de lucros – Op. em conjunto – SCP .... R$ 402.500,00 Recebimento do lucro da SCP D – Banco .... R$ 402.500,00 C – Conta corrente – SCP .... R$ 402.500,00	**Encerramento das contas de resultado** D – Receita – operação em conjunto – SCP........................ .... R$ 450.000,00 C – Resultado do exercício – ARE .... R$ 450.000,00 D – Resultado do exercício – ARE .... R$ 277.500,00 C – Tributos sobre a receita (redutora da receita) .... R$ 45.000,00 C – Custo – operação em conjunto .... R$ 150.000,00 C – Despesas diversas – Op. em conjunto – SCP .... R$ 3.000,00 C – Despesas Adm. – Op. em conjunto – SCP .... R$ 4.500,00 C – IRPJ e CSLL – Op. em conjunto – SCP .... R$ 75.000,00 **Transferência do resultado para Reserva de Lucros** D – Resultado do exercício – ARE .... R$ 172.500,00 C – Reserva de lucros – Op. em conjunto – SCP .... R$ 172.500,00 Recebimento do lucro da SCP D – Banco .... R$ 172.500,00 C – Conta corrente – SCP .... R$ 172.500,00	Nota-se que os lançamentos contábeis sobre a operação em conjunto *(joint operation)* não envolveram contas de resultados para a SCP e sim contas de ativos e Passivos dos sócios, diferente de empreendimento controlado em conjunto *(joint venture)* onde é uma operação que envolve contas de resultado e os sócios reconhecem o capital aplicado na SCP como investimento avaliado pelo método de equivalência patrimonial **Pagamento do lucro do negócio realizado em conjunto** D – Conta corrente Sócio Beta .... R$ 172.500,00 D – Conta corrente Sócio Alfa .... R$ 402.500,00 C – Banco .... R$ 575.000,00

Capítulo 3 Contabilidade – Sociedade em Conta de Participação (SCP)

- **Balancete de verificação**

<table>
<tr><td colspan="8" align="center">**Alfa Indústria de Alimentos e Bebidas Ltda.**</td></tr>
<tr><td colspan="2"></td><td colspan="2">Saldo Inicial</td><td colspan="2">Movimentação</td><td colspan="2">Saldo Final</td></tr>
<tr><td colspan="2">Conta</td><td>Débito</td><td>Crédito</td><td>Débito</td><td>Crédito</td><td>Débito</td><td>Crédito</td></tr>
<tr><td>ativo</td><td>Banco</td><td></td><td></td><td>402.500,00</td><td></td><td>402.500,00</td><td></td></tr>
<tr><td>ativo</td><td>Estoque</td><td>350.000,00</td><td></td><td></td><td>350.000,00</td><td></td><td></td></tr>
<tr><td>ativo</td><td>Conta corrente – SCP</td><td></td><td></td><td>1.400.000,00</td><td>1.050.000,00</td><td>350.000,00</td><td></td></tr>
<tr><td>PL</td><td>capital Social</td><td></td><td>350.000,00</td><td></td><td></td><td></td><td>350.000,00</td></tr>
<tr><td>PL</td><td>Reserva de Lucro</td><td></td><td></td><td></td><td>402.500,00</td><td></td><td>402.500,00</td></tr>
<tr><td>Resultado</td><td>Receita – operação em conjunto – SCP</td><td></td><td></td><td>1.050.000,00</td><td>1.050.000,00</td><td></td><td>-</td></tr>
<tr><td>Resultado</td><td>Tributos sobre a receita</td><td></td><td></td><td>105.000,00</td><td>105.000,00</td><td>-</td><td></td></tr>
<tr><td>Resultado</td><td>Custo – operação em conjunto</td><td></td><td></td><td>350.000,00</td><td>350.000,00</td><td>-</td><td></td></tr>
<tr><td>Resultado</td><td>Despesas Adm. – Op. em conjunto – SCP</td><td></td><td></td><td>10.500,00</td><td>10.500,00</td><td>-</td><td></td></tr>
<tr><td>Resultado</td><td>Despesas divers. – Op. em conjunto – SCP</td><td></td><td></td><td>7.000,00</td><td>7.000,00</td><td>-</td><td></td></tr>
<tr><td>Resultado</td><td>IRPJ e CSLL – Op. em conjunto – SCP</td><td></td><td></td><td>175.000,00</td><td>175.000,00</td><td>-</td><td></td></tr>
<tr><td>Resultado</td><td>Resultado do exercício – ARE</td><td></td><td></td><td>1.050.000,00</td><td>1.050.000,00</td><td>-</td><td></td></tr>
<tr><td></td><td></td><td></td><td></td><td></td><td></td><td></td><td></td></tr>
<tr><td></td><td>total</td><td>350.000,00</td><td>350.000,00</td><td>4.550.000,00</td><td>4.550.000,00</td><td>752.500,00</td><td>52.500,00</td></tr>
</table>

SOCIEDADE EM CONTA DE PARTICIPAÇÃO

	Beta Organização de Eventos Ltda.						
		Saldo Inicial		movimentação		Saldo Final	
	Conta	Débito	Crédito	Débito	Crédito	Débito	Crédito
ativo	Banco			172.500,00		172.500,00	
ativo	Estoque	150.000,00			150.000,00		
ativo	Conta corrente – SCP			600.000,00	450.000,00	150.000,00	
PL	capital Social		150.000,00				150.000,00
PL	Reserva de Lucro				172.500,00		172.500,00
Resultado	Receita – operação em conjunto – SCP			450.000,00	450.000,00		-
Resultado	Tributos sobre a receita			45.000,00	45.000,00		-
Resultado	Custo – operação em conjunto			150.000,00	150.000,00		-
Resultado	Despesas Adm. – Op. em conjunto – SCP			4.500,00	4.500,00		-
Resultado	Despesas divers. – Op. em conjunto – SCP			3.000,00	3.000,00		-
Resultado	IRPJ e CSLL – Op. em conjunto – SCP			75.000,00	75.000,00		-
Resultado	Resultado do exercício – ARE			450.000,00	450.000,00		-
	total	150.000,00	150.000,00	1.950.000,00	1.950.000,00	322.500,00	322.500,00

	Sociedade em Conta de Participação (SCP)						
		Saldo Inicial		Movimentação		Saldo Final	
	Conta	Débito	Crédito	Débito	Crédito	Débito	Crédito
ativo	Banco			1.500.000,00	1.000.000,00	500.000,00	
ativo	Estoque Sócio Alfa			350.000,00	350.000,00	-	
ativo	Estoque Sócio Beta			150.000,00	150.000,00	-	
passivo	Conta corrente Sócio Alfa			1.050.000,00	1.400.000,00		350.000,00
passivo	Conta corrente Sócio Beta			450.000,00	600.000,00		150.000,00
passivo	Tributos sobre a Receita a pagar			150.000,00	150.000,00		-
passivo	Fornecedor a pagar			25.000,00	25.000,00		-
passivo	IRPJ e CSLL a pagar			250.000,00	250.000,00		-
	total	-	-	3.925.000,00	3.925.000,00	500.000,00	500.000,00

Observa-se que, depois de encerramento do resultado da operação em conjunto, ainda existem saldos nas contas dos Sócios Alfa e Beta e, por isso, deverá realizar os lançamentos de devolução do valor residual investido no negócio.

- **Devolução do aporte de capital investido**

Alfa Indústria de Alimentos e Bebidas Ltda.	Beta Organização de Eventos Ltda.	Sociedade em Conta de Participação
D – Banco .... R$ 350.000,00 C – Conta corrente – SCP .... R$ 350.000,00	D – Banco .... R$ 150.000,00 C – Conta corrente – SCP .... R$ 150.000,00	D – Conta corrente Sócio Alfa .... R$ 350.000,00 D – Conta corrente Sócio Beta .... R$ 150.000,00 C – Banco .... R$ 500.000,00

Depois do lançamento de devolução do aporte de capital investido as contas do Balanço da SCP zeram.

- **Demonstrativo da operação realizada em conjunto**

Receita – operação em conjunto – SCP		1.500.000,00
Receita Alfa Indústria de Alimentos e Bebidas Ltda.	1.050.000,00	
Receita Beta Organizadora de Eventos Ltda.	450.000,00	
Tributos sobre a receita		- 150.000,00
Tributos sobre a receita Alfa indústria de Alimentos e Bebidas Ltda.	- 105.000,00	
Tributos sobre a receita Beta Organizadora de Eventos Ltda.	- 45.000,00	
Receita líquida da operação em conjunto – SCP		1.350.000,00
Receita Liquida Alfa Indústria de Alimentos e Bebidas Ltda.	945.000,00	
Receita Liquida Beta Organizadora de Eventos Ltda.	405.000,00	
Custo – operação em conjunto – SCP		-500.000,00
Custo – Operação em conjunto Alfa Indústria de Alimentos e Bebidas Ltda.	-350.000,00	
Custo – Operação em conjunto Beta Organizadora de Eventos Ltda.	-150.000,00	
Lucro Bruto – Operação em conjunto – SCP		850.000,00
Lucro Bruto – Operação em conjunto Alfa Indústria de Alimentos e Bebidas Ltda.	595.000,00	
Lucro Bruto – Operação em conjunto Beta Organizadora de Eventos Ltda.	255.000,00	

SOCIEDADE EM CONTA DE PARTICIPAÇÃO

Despesas Administrativas – Operação em conjunto – SCP		-15.000,00
Despesas Administrativas – Operação em conjunto Alfa Indústria de Alimentos e Bebidas Ltda.	-10.500,00	
Despesas Administrativas – Operação em conjunto Beta Organizadora de Eventos Ltda.	-4.500,00	
Despesas diversas – Operação em conjunto – SCP		-10.000,00
Despesas diversas – Operação em conjunto Alfa Indústria de Alimentos e Bebidas Ltda.	-7.000,00	
Despesas diversas – Operação em conjunto Beta Organizadora de Eventos Ltda.	-3.000,00	
Lucro Antes do IRPJ e CSLL – Operação em conjunto – SCP		825.000,00
Lucro Antes do IRPJ e CSLL – Alfa Indústria de Alimentos e Bebidas Ltda.	577.500,00	
Lucro Antes do IRPJ e CSLL – Beta Organizadora de Eventos Ltda.	247.500,00	
IRPJ e CSLL – Operação em conjunto – SCP		-250.000,00
IRPJ e CSLL – Operação em conjunto – SCP – Alfa Indústria de Alimentos e Bebidas Ltda.	-175.000,00	
IRPJ e CSLL – Operação em conjunto – SCP – Beta Organizadora de Eventos Ltda.	-75.000,00	
Lucro Líquido da operação em conjunto – SCP		575.000,00
Lucro Líquido da operação em conjunto – Alfa Indústria de Alimentos e Bebidas Ltda.	402.500,00	
Lucro Líquido da operação em conjunto – Beta Organizadora de Eventos Ltda.	172.500,00	

Nota
Independente da forma contábil utilizada é fundamental observar as regras e exigências fiscais das SCPs, como por exemplo, entregar as obrigações acessórias e ter contabilidade própria.

3.3.2.3. Empreendimento controlado em conjunto (joint venture)

Empreendimento controlado em conjunto *(joint venture)* é o acordo contratual entre duas ou mais partes que se **comprometem à realização de uma ou mais atividades econômicas** que estão sujeitas ao controle conjunto. É um negócio em conjunto pelo o qual as partes que detêm o controle conjunto do negócio têm direitos sobre os ativos líquidos do negócio em conjunto, ou seja, os sócios tratam o aporte de capital como investimento na SCP e contabilizam os resultados no empreendimento pelo método de equivalência patrimonial.

Item 24 do CPC 19 (R2)

24. Empreendedor em conjunto deve reconhecer seus interesses em empreendimento controlado em conjunto (**joint venture**) *como investimento e deve contabilizar esse investimento utilizando o método da equivalência patrimonial, de acordo com o Pronunciamento Técnico CPC 18 – Investimento em Coligada, em Controlada e em Empreendimento Controlado em Conjunto, a menos que a entidade esteja isenta da aplicação do método da equivalência patrimonial, conforme especificado no Pronunciamento e se permitido legalmente.*

Este tipo de operação é comum entre empresas do ramo imobiliário, por exemplo: a incorporadora Alfa e a Beta construtora celebram um contrato para a constituição de uma SCP, cujo objetivo é o lançamento de um empreendimento imobiliário residencial, onde as envolvidas fazem o aporte de capital, que podem ser em dinheiro, terreno, materiais para a construção dos apartamentos etc.; após o aporte de capital ambas reconhecem os resultados conforme a proporção do capital investido.

> **Nota**
>
> O sócio que não controla ou participa das decisões financeiras e operacionais da SCP deverá registrar e avaliar este investimento pelo método <u>de custo</u>. <u>Os investimentos sujeitos ao método de custo geralmente possui</u> participações irrelevantes e não ha influência nas decisões financeiras e operacionais da investida.
>
> Uma das principais particularidades do investimento avaliado pelo custo é a forma de reconhecer o lucro da investida; lucro que deve ser reconhecido quando for pago ou deliberado.
>
> Cabe ressaltar que o valor contábil do investimento avaliado pelo método de custo deve ser alterado nas seguintes hipóteses:
>
> • dividendos distribuídos em excesso aos lucros apurados depois da data de aquisição;
>
> • perdas comprovadas como permanentes na investida;
>
> • provisão para atender às perdas prováveis na realização do seu valor;
>
> • redução do custo de aquisição ao valor de mercado, quando este for inferior.

Art. 183 da Lei nº 6.404/1976. No balanço, os elementos do ativo serão avaliados segundo os seguintes critérios:

>   I – as aplicações em instrumentos financeiros, inclusive derivativos, e em direitos e títulos de créditos, classificados no ativo circulante ou no realizável a longo prazo: (Redação dada pela Lei nº 11.638, de 2007)
>
>   > a) pelo seu valor justo, quando se tratar de aplicações destinadas à negociação ou disponíveis para venda; e (Redação dada pela Lei nº 11.941, de 2009)
>   >
>   > b) pelo valor de custo de aquisição ou valor de emissão, atualizado conforme disposições legais ou contratuais, ajustado ao valor provável de realização, quando este for inferior, no caso das demais aplicações e os direitos e títulos de crédito; (Incluída pela Lei nº 11.638, de 2007)

II – os direitos que tiverem por objeto mercadorias e produtos do comércio da companhia, assim como matérias-primas, produtos em fabricação e bens em almoxarifado, pelo custo de aquisição ou produção, deduzido de provisão para ajustá-lo ao valor de mercado, quando este for inferior;

III – *os investimentos em participação no capital social de outras sociedades, ressalvado o disposto nos artigos 248 a 250, pelo custo de aquisição, deduzido de provisão para perdas prováveis na realização do seu valor, quando essa perda estiver comprovada como permanente, e que não será modificado em razão do recebimento, sem custo para a companhia, de ações ou quotas bonificadas; (...)*

Observa-se que o inciso III do artigo 183 da Lei das S.A. possui tratamento específico para avaliação de investimento que não se enquadre na obrigatoriedade da aplicação da equivalência patrimonial (coligadas ou controladas).

3.3.2.3.1. Exemplo 1 – Operações da SCP em livros próprios

Para facilitar o entendimento, iremos abordar um caso envolvendo o ramo imobiliário e, para isto, seguem os dados:

Sócio	Valor em R$	Participação no capital
Alfa Incorporadora	R$ 22.500.000,00 (terreno)	75%
Beta Construtora	R$ 7.500.000,00 (materiais para construção do empreendimento)	25%
Capital da SCP	R$ 30.000.000,00	100%

- **No período X1, a Sociedade em Conta de Participação teve o seguinte comportamento**

Saldo do Patrimônio Líquido em 01/01/X1	R$ 30.000.000,00
Lucro apurado em 31/12/X1	R$ 3.000.000,00
Dividendos pagos em 05/02/X2	R$ 3.000.000,00

- **Lançamento contábil pelo investimento na SCP**

Alfa Incorporadora
D – Investimento em SCP (ativo) (75% do PL de R$ 30.000.000,00) .... R$ 22.500.000,00   C – Banco (ativo)..R$ 22.500.000,00
Beta Construtora
D – Investimento em SCP (ativo) (25% do PL de R$ 30.000.000,00) ....R$ 7.500.000,00   C – Banco (ativo). ....R$ 7.500.000,00

- **Posição patrimonial depois do lançamento contábil do investimento**

Alfa Incorporadora	Beta Construtora	SCP
Situação em 01/01/X1	**Situação em 01/01/X1**	**Situação em 01/01/X1**
Investimento em SCP ..... R$ 22.500.000,00	Investimento em SCP .... R$ 7.500.000,00	Patrimônio Líquido ..... R$ 30.000.000,00

- **Lançamento contábil pelo Lucro apurado na SCP em 31/12/X1**

Alfa Incorporadora
D – Investimento em SCP (ativo) .... R$ 2.250.000,00   C – Receita de Equivalência Patrimonial – SCP (resultado) R$ 2.250.000,00
Beta Construtora
D – Investimento em SCP (ativo) .... R$ 750.000,00   C – Receita de Equivalência patrimonial – SCP (resultado) R$ 750.000,00

- **Posição patrimonial depois do lançamento contábil do lucro apurado pela SCP em 31/12/X1**

Alfa Incorporadora
Situação em 31/12/X1
Investimento em SCP (75% do PL de R$ 33.000.000,00) ... R$ 24.750.000,00

Beta Construtora
Situação em 31/12/X1
Investimento (25% do PL de R$ 33.000.000,00) .... R$ 8.250.000,00

Nota-se que a conta de investimento em SCP da Alfa Incorporadora e Beta Construtora aumentou em 10%, exatamente o percentual de aumento do patrimônio líquido da SCP.

SCP
Situação em 31/12/X1
Patrimônio líquido .... R$ 33.000.000,00
Capital social .... R$ 30.000.000,00
Alfa Incorporadora .... R$ 22.500.000,00
Beta Construtora .... R$ 7.500.000,00
Reserva de Lucro .... **R$ 3.000,000,00**
 Alfa Incorporadora .... R$ 2.250.000,00
 Beta Construtora .... R$ 750.000,00

Observa-se que a SCP fechou o resultado e apurou um lucro de R$ 3.000.000,00 no exercício; o patrimônio líquido que era R$ 30.000.000,00 passou a ser R$ 33.000.000,00 tendo um aumento de 10% em relação ao saldo do patrimônio líquido em 01/01/X1.

- **Cálculo dos dividendos referentes ao lucro apurado pela SCP em 31/12/X1**

SCP
Situação em 31/12/X1
Dividendos a distribuir... R$ 3.000.000,00
Alfa Incorporadora
(75% do lucro apurado de R$ 3.000.000,00) .... R$ 2.250.000,00
Beta Construtora
(25% do lucro apurado de R$ 3.000.000,00) .... R$ 750.000,00

- **Lançamento contábil pela deliberação e pagamento do lucro apurado pela SCP em 31/12/X1**

Alfa Incorporadora	Beta Construtora	SCP
D – Lucros a receber R$ 2.250.000,00 C – Investimento em SCP R$ 2.250.000,00	D – Lucros a receber R$ 750.000,00 C – Investimento em SCP R$ 750.000,00	D – Reserva de Lucro R$ 3.000.000,00 C – Lucros a distribuir R$ 3.000.000,00
		Pelo pagamento do lucro
Pelo recebimento do lucro D – Banco R$ 2.250.000,00 C – lucros a receber R$ 2.250.000,00	**Pelo recebimento do lucro** D – Banco R$ 750.000,00 C – lucros a receber R$ 750.000,00	D – Lucros a distribuir R$ 3.000.000,00 C – Banco R$ 3.000.000,00

- **Posição patrimonial depois do lançamento contábil do pagamento dos lucros**

SCP **Situação em 05/02/X2**

* Patrimônio líquido .... R$ 30.000.000,00
   Capital social .... R$ 30.000.000,00
   Alfa Incorporadora .... R$ 22.500.000,00
   Beta Construtora ....R$ 7.500.000,00
*Com as distribuições do lucro apurado o Patrimônio Líquido da SCP diminuiu

Alfa Incorporadora
Situação em 05/02/X2 Banco .... R$ 2.250.000,00 Investimento em SCP (R$ 24.750.000,00 – Lucro ..... R$ 2.250.000,00) .... R$ 22.500.000,00
Beta Construtora
Situação em 05/02/X2 Banco .... R$ 750.000,00 Investimento em SCP (R$ 8.250.000,00 – Lucro .... R$ 750.000,00) .... R$ 7. 500.000,00 Como reflexo do recebimento dos dividendos a conta investimento diminuiu e, consequentemente, a conta banco aumentou. É interessante frisar que o lucro ou dividendos recebidos ou creditados reduz o valor contábil do investimento.

Nota-se que neste modelo de contabilização a SCP tem a sua contabilidade própria e independente, onde as sócias reconhecem os resultados da SCP conforme a sua participação no investimento.

3.3.2.3.2. Exemplo 2 – Operações da SCP em livros próprios

Para este exemplo vamos usar os dados do exemplo **Operação em conjunto**, só que aplicando os procedimentos de **"Empreendimento controlado em conjunto (*joint venture*)"** onde Alfa Indústria de Alimentos e Bebidas Ltda. e Beta Organização de Eventos Ltda. resolvem constituir uma Sociedade em conta de Participação para realizar atividade de Eventos.

Alfa Indústria de Alimentos e Bebidas Ltda. entrará no negócio com R$ 350.000,00 em alimentos e bebidas e a Beta Organização de Eventos Ltda. com R$ 150.000,00 em materiais decorativos e outros materiais necessários para o negócio.

- **Composição do Capital da SCP**

Sócio	Valor em R$	Participação no capital
Alfa Indústria de Alimentos e Bebidas ltda.	R$ 350.000	70%
Beta Organização de Eventos Ltda.	R$ 150.000	30%
Capital da SCP	R$ 500.000	100%

Fatos contábeis da SCP
Banco (recebimentos pelo serviço prestado) R$ 1.500.000
Estoque (alimentos, bebidas e materiais decorativos) R$ 500.000
Receita Bruta R$ 1.500.000
Tributos sobre as receitas R$ 150.000
Custo (alimentos e bebidas) R$ 350.000
Outros custos (material decorativo etc.) R$ 150.000
Despesas administrativas R$ 15.000
Despesas diversas R$ 10.000
Tributos sobre o lucro (IRPJ e CSLL) R$ 250.000

Sociedade em conta de Participação – SCP

Livro Diário

D	Estoque	500.000
C	Capital Social – SCP – Sócio Ostensivo	350.000
C	Capital Social – SCP – Sócio Oculto	150.000
D	Banco	1.500.000
C	Receita – SCP	1.500.000
D	Tributos sobre a receita – SCP	150.000
C	Tributos sobre receita a Recolher – SCP	105.000
D	Custo – S CP	350.000
D	Outros custos (material decorativo etc.) – SCP	150.000
C	Estoque – SCP	500.000
D	Despesas Adm. – SCP	15.000
D	Despesas divers. – SCP	10.000
C	Contas a Pagar – SCP	25.000
D	IRPJ e CSLL – SCP	250.000
C	IRPJ e CSLL – SCP a Recolher	250.000
D	Resultado do exercício – ARE – SCP	575.000
C	Lucros Acumulados – SCP	575.000

SOCIEDADE EM CONTA DE PARTICIPAÇÃO

DRE – Sociedade em conta de Participação – SCP	
Receita – SCP	R$ 1.500.000
Tributos sobre receita a Recolher – SCP	R$ (150.000)
Lucro Bruto	**R$ 1.350.000**
Custo – SCP	R$ (500.000)
Despesas Adm. – SCP	R$ (15.000)
Despesas divers. – SCP	R$ (10.000)
Lucro antes do IRPJ e CSLL	**R$ 825.000**
IRPJ e CSLL – SCP	R$ (250.000)
Lucro Líquido	**R$ 575.000**

Sociedade em conta de Participação – SCP		
Patrimônio Líquido – SCP		**R$ 1.075.000**
Capital Total		**R$ 500.000**
Capital Social – Sócio Ostensivo	R$ 350.000	
Capital Social – Sócio Oculto	R$ 150.000	
Reserva de Lucro		**R$ 575.000**
Reserva de Lucro – Sócio Ostensivo	R$ 402.500	
Reserva de Lucro – Sócio Oculto	R$ 172.500	

Cálculo da Equivalência			
Contas	Sócia Ostensiva 70%	Sócia Oculta 30%	Total 100%
+ Patrimônio Líquido da SCP	752.500	322.500	1.075.000
(-) Saldo da Conta de Investimentos antes da Equivalência	350.000	150.000	500.000
= Resultado da Equivalência Patrimonial	402.500	172.500	R$ 575.000

Reconhecimento no resultado das Sócias Ostensivas e Oculta	
Patrimônio Líquido da SCP	**R$ 1.075.000**
Equivalência – Sociedade Ostensiva – (70%)	R$ 402.500
Equivalência – Sociedade Oculta – (30%)	R$ 172.500

Ativo dos Sócios Ostensivo e Oculto			
Conta	**Saldo Inicial**	***Movimentação**	**Saldo Final**
Investimento SCP – Sociedade Ostensiva	350.000	402.500	752.500
Investimento SCP – Sociedade Oculta	150.000	172.500	322.500
Total	**500.000**	**575.000**	**1.075.000**

Reconhecimento da Equivalência patrimonial

Nota

Na prática o Sócio ostensivo gerencia as informações contábeis da SCP em controles próprios. Caso utilize a contabilidade do próprio Sócio ostensivo deve segregar as informações da SCP para não misturar com os fatos contábeis dela própria.

Ressalta-se que os Sócios ostensivos e participantes devem respeitar as regras das demonstrações financeiras estipuladas pelos CPCs:

- CPC 26 – Apresentação das Demonstrações Contábeis,
- CPC 21 – Demonstração Intermediária,
- CPC 35 – Demonstrações Separadas e
- CPC 36 – Demonstrações Consolidadas.

3.3.2.3.3. Glossário para identificação do tipo de negócio realizado

Conforme exposto nos itens anteriores, os responsáveis deverão analisar o tipo de negócio realizado para poder definir qual metodologia de contabilização será aplicada, por isso, é importante verificar algumas definições do CPC 19:

Controle: é o poder de governar as políticas financeiras e operacionais da entidade de forma a obter benefício das suas atividades.

Método de equivalência patrimonial: é o método de contabilização por meio do qual o investimento é inicialmente reconhecido pelo custo e, posteriormente, ajustado pelo reconhecimento da participação atribuída ao investidor nas alterações dos ativos líquidos da investida. O resultado do período do investidor deve incluir a parte que lhe cabe nos resultados gerados pela investida.

Controle conjunto: é o compartilhamento do controle, contratualmente estabelecido, sobre uma atividade econômica e que existe somente quando as decisões estratégicas, financeiras e operacionais relativas à atividade exigirem o consentimento unânime das partes que compartilham o controle (os empreendedores).

Empreendimento controlado: é o acordo contratual em que duas ou mais partes se comprometem à realização de atividade econômica que está sujeita ao controle conjunto.

Consolidação proporcional: é o método de contabilização pelo qual a participação do empreendedor nos ativos, passivos, receitas e despesas da entidade controlada em conjunto são combinadas, linha a linha, com itens similares nas demonstrações contábeis do empreendedor, ou em linhas separadas nessas demonstrações contábeis.

Influência significativa: é o poder de participar nas decisões financeiras e operacionais da entidade, sem controlar de forma individual ou conjunta essas políticas.

3.3.3. Escrituração contábil da SCP sob a ótica fiscal

3.3.3.1. Introdução

Antes de abordar este tópico é importante voltar no tempo e entender como era o processo tributário e contábil das SCPs sob a ótica fiscal, antes da publicação da Instrução Normativa RFB nº 1.470/2014 as SCPs não tinham a obrigatoriedade de ter CNPJ e também seus livros contábeis poderiam ser feitos dentro da contabilidade da Sócia Ostensiva, ou seja, este método consiste em escriturar as operações da SCP dentro das demonstrações contábeis do sócio ostensivo, detalhando em seu plano de contas e livro Diário todas as operações representativas da SCP conforme o exemplo abaixo:

RIR nº 3.000/1999

Art. 254. A escrituração das operações de Sociedade em Conta de Participação **poderá, à opção do sócio ostensivo, ser efetuada nos livros deste** *ou em livros próprios, observando-se o seguinte:*

I – quando forem utilizados os livros do sócio ostensivo, os registros contábeis deverão ser feitos de forma a evidenciar os lançamentos referentes à Sociedade em Conta de Participação;

II – os resultados e o lucro real correspondentes à Sociedade em Conta de Participação deverão ser apurados e demonstrados destacadamente dos resultados e do lucro real do sócio ostensivo, ainda que a escrituração seja feita nos mesmos livros;

III – nos documentos relacionados com a atividade da Sociedade em Conta de Participação, o sócio ostensivo deverá fazer constar indicação de modo a permitir identificar sua vinculação com a referida sociedade.

- **Contas de Resultado**

Receita Total (operações próprias + SCP)
+ Receitas de vendas de operações próprias
+ Receitas de Vendas da SCP
Total de Deduções (operações próprias + SCP)
(-) Deduções de Vendas de operações próprias
(-) Deduções de Vendas da SCP
= **Receita Líquida total (operações próprias + SCP)**
= Receita Líquida – operações próprias
= Receita Líquida – SCP
= **Total dos custos e despesas (operações próprias + SCP)**
(-) Custo de Vendas – operações próprias
(-) Custos de Vendas de SCP
(-) Despesas Administrativas – operações próprias
(-) Despesas Administrativas – SCP

- **Contas patrimoniais**

Ativo Circulante	Passivo Circulante
Banco – operações próprias	Contas a pagar – operações próprias
Banco – SCP	Contas a pagar – SCP
Estoque – operações próprias	Salários a pagar – operações próprias
Estoque – SCP	Salários a pagar – SCP
Não Circulante	**Passivo Circulante**
Imobilizado – operações próprias	Financiamento – SCP
Imobilizado – SCP	**Patrimônio Líquido**
Terreno – operações próprias	Capital – operações próprias
Terreno – SCP	Capital – SCP

Como as operações das SCPs aumentaram e se tornaram de grande relevância no Brasil, surgiu a necessidade de ter um controle mais específico sobre elas, e por isso a metodologia de ter a contabilidade dentro da Sócia Ostensiva não era eficaz e não refletia o nível de detalhe para atender as necessidades Fiscais e Contábeis. Com a publicação do RIR 2018 a Receita Federal extinguiu a possibilidade de ter a contabilidade da SCP dentro da Sócia Ostensiva e determina que as SCPs devem ter contabilidade própria.

> Nota
>
> Os procedimentos contábeis informados no tópico "Empreendimento controlado em conjunto (*joint venture*)" estão em linha com as exigências fiscais atuais, ou seja, SCP com livros e registros próprios.

3.3.3.2. Base Legal

RIR 99 – Decreto nº 3.000/1999 (antigo)

Art. 254. A escrituração das operações de Sociedade em Conta de Participação **poderá, à opção do sócio ostensivo, ser efetuada nos livros deste** *ou em livros próprios, observando-se o seguinte:*

> I – quando forem utilizados os livros do sócio ostensivo, os registros contábeis deverão ser feitos de forma a evidenciar os lançamentos referentes à Sociedade em Conta de Participação;

II – os resultados e o lucro real correspondentes à Sociedade em Conta de Participação deverão ser apurados e demonstrados destacadamente dos resultados e do lucro real do sócio ostensivo, ainda que a escrituração seja feita nos mesmos livros;

III – *nos documentos relacionados com a atividade da Sociedade em Conta de Participação, o sócio ostensivo deverá fazer constar indicação de modo a permitir identificar sua vinculação com a referida sociedade.*

RIR 2018 – Decreto nº 9.580/2018 (atual)

Art. 269. A escrituração das operações de sociedade em conta de participação deverá ser efetuada em livros próprios.

Procedimento Atual	Procedimento Anterior
RIR 18 – Decreto nº 9.580/2018	**RIR 99 – Decreto nº 3.000/1999**
Art. 269. A escrituração das operações de sociedade em conta de participação **deverá ser efetuada em livros próprios.**	Art. 254. A **escrituração das operações de Sociedade em Conta de Participação poderá, à opção do sócio ostensivo,** ser efetuada nos livros deste ou em livros próprios, observando-se o seguinte: **I – quando forem utilizados os livros do sócio ostensivo, os registros contábeis deverão ser feitos de forma a evidenciar os lançamentos referentes à Sociedade em Conta de Participação;** II – os resultados e o lucro real correspondentes à Sociedade em Conta de Participação deverão ser apurados e demonstrados destacadamente dos resultados e do lucro real do sócio ostensivo, ainda que a escrituração seja feita nos mesmos livros; III – nos documentos relacionados com a atividade da Sociedade em Conta de Participação, o sócio ostensivo deverá fazer constar indicação de modo a permitir identificar sua vinculação com a referida sociedade.
SCP com contabilidade própria	Contabilidade própria ou conforme filial, ou seja, Contabilidade da SCP dentro dos Livros da Sócia Ostensiva.

> **Nota**
>
> Ressalta-se que temos dois procedimentos (Contábil e Fiscal), onde algumas vezes eles estão em linha e outras com tratamentos e conceitos diferentes, por isso é fundamental o profissional responsável analisar e aplicar as regras pertinentes para as duas esferas, exemplo:
> - **Fiscal:** Decreto 9.580/2018 e Instrução Normativa 1.717/2017 e outras publicações auxiliares da Receita Federal
> - **Contábil:** Pronunciamentos Técnicos dos CPCs e suas respectivas interpretações e orientações

3.4. NOTAS EXPLICATIVAS SOBRE OS INVESTIMENTOS REALIZADOS EM SCP

Conforme foi abordado nesta obra, as Sociedades em Conta de Participação possuem diversas situações peculiares. Para isso, é fundamental o detalhamento das operações da Sociedade em Conta de Participação (SCP) em notas explicativas.

As primeiras informações a serem expostas em nota explicativa são o detalhamento das contas de investimentos no balanço do sócio ostensivo ou até mesmo do sócio oculto, caso este último tenha classificado o investimento na SCP como investimentos em coligadas.

O detalhamento da conta investimento poderá ser composto por três componentes (se existirem):
- valor patrimonial da participação da controladora no valor contábil do patrimônio líquido da SCP adquirida;
- valor da mais-valia dos ativos líquidos adquiridos atribuído ao sócio ostensivo; e
- ágio por rentabilidade futura – *goodwill*.

As notas explicativas que acompanham as demonstrações contábeis devem conter informações precisas das SCP (coligadas ou controladas), indicando no mínimo as seguintes informações:

a) denominação da Sociedade em Conta de Participação;

b) número, espécie e classe de cotas de capital possuídas pelo sócio ostensivo;

c) o percentual de participação no capital social e no capital votante;
d) patrimônio líquido;
e) lucro líquido ou prejuízo do exercício;
f) montante dos dividendos propostos ou pagos, relativos ao mesmo período;
g) créditos e obrigações entre os participantes da sociedade investidora (sócio ostensivo e oculto) e especificando prazos, encargos financeiros e garantias;
h) avais, garantias, fianças, hipotecas ou penhor concedidos em favor da Sociedade em Conta de Participação;
i) receitas e despesas em operações entre a investidora e a Sociedade em Conta de Participação;
j) montante individualizado do ajuste, no resultado e patrimônio líquido, decorrente da avaliação do valor contábil do investimento pelo método da equivalência patrimonial,
k) saldo contábil de cada investimento no final do período;
l) memória de cálculo do montante individualizado do ajuste, quando este não decorrer somente da aplicação do percentual de participação no capital social sobre os resultados da investida, se relevante;
m) base e fundamento adotados para constituição e amortização do ágio ou deságio e montantes não amortizados; e
n) critérios, taxa de desconto e prazos utilizados na projeção de resultados.

Nota-se que para os princípios contábeis não há exceção para o nível de detalhamento das informações e transparência do negócio, por isso, este procedimento pode estar indo contra o propósito da Sociedade em Conta de Participação que, por sua vez, determina quais operações devem ser omitidas, como os dados do sócio oculto e as estratégias empresariais, portanto, o contabilista ou advogado junto com os responsáveis da sociedade deverão fazer o julgamento e a triagem das informações que serão publicadas sem prejudicar o interesse dos sócios e dos usuários das informações contábeis, como: fornecedores, credores, entidades públicas etc.

3.4.1. Exemplos

Conforme discorrido nos itens acima, a Nota explicativa é muito importante para informar os modos e forma como a empresa opera, diante disso segue alguns exemplos de textos das Notas explicativas relacionadas às SCPs.

Exemplo 1:

- **Nota Explicativa nº 1 – Constituição da SCP**

  a) **Criação da Sociedade em Conta de Participação** *Empreendimentos SCP*

Em 20 de novembro de 201X, a Companhia Participações Imobiliárias S.A. constituiu uma Sociedade em Conta de Participação, denominada *Empreendimentos SCP*, com o propósito específico de captar recursos financeiros para a administração, construção e locação de empreendimentos imobiliários.

Para a constituição da sociedade *Empreendimentos SCP*, a Companhia Participações Imobiliárias S.A., na qualidade de sócia ostensiva, aportou R$ 10 milhões em moeda corrente do país, enquanto os sócios participantes aportaram R$ 2 milhões na sociedade.

- **Nota explicativa nº 2 – Investimento**

  b) **Critério de avaliação de investimento**

A Companhia Participações Imobiliárias S.A., na qualidade de sócia ostensiva e controladora da sociedade *Empreendimentos SCP*, avalia seu investimento pelo método de equivalência patrimonial.

Exemplo 2:

A Companhia é uma incorporadora e construtora, com foco no desenvolvimento de Empreendimento em todas as regiões do Brasil.

A Companhia desenvolve suas atividades de incorporação e construção por meio dos seus negócios próprios e para viabilizar a formação de parcerias e acompanhamento individualizado dos empreendimentos pelas SCPs que têm atuação exclusiva no setor imobiliário e na maioria dos casos, estão vinculadas a um empreendimento específico.

Capítulo 3 Contabilidade – Sociedade em Conta de Participação (SCP)

Exemplo 3: Sócio Ostensivo

Para viabilização dos projetos imobiliários, a Companhia possui acordos com parceiros que são denominados sócios participantes (Art. 991 do Código Civil).

As obrigações e direitos com os parceiros (Sócios Participantes) são constituídas pelos valores aportados pelos mesmos, somados aos resultados dos respectivos empreendimentos.

Nesses acordos a Companhia figura como sócia ostensiva, sendo a responsável pelos riscos e obrigações do empreendimento imobiliário, os ativos e passivos relacionados às SCP são apresentadas integralmente nas demonstrações financeiras individuais e consolidadas da Companhia.

Exemplo 4: Sócio Participante

Em 1º de Março de 20X1, foi constituída a Sociedade em conta de Participação **"ARL Empreendimentos Imobiliários Ltda."**, SCP pela qual a Companhia figura como Sócia Participante.

A SCP terá por objeto o desenvolvimento e implantação de Empreendimentos Imobiliários residenciais e comerciais, assim como a comercialização das suas respectivas unidades ("SCP").

O valor do capital social integralizado é de R$ 204.000,00, distribuído em 200.000 cotas de R$1,00 (um real) cada uma, sendo a participação da Companhia de 10,00%.

As Partes irão participar dos resultados econômicos oriundos da comercialização das futuras unidades do Empreendimento, partilhando entre si os resultados financeiros das referidas operações. A administração e controle operacional e financeiro da SCP serão exercidos pela Companhia ARL Incorporadora S.A. conforme estabelecido em acordo entre as partes.

Exemplo 5: Sócio Coligadas e Empreendimentos controlados em conjunto

Os investimentos em coligadas nas demonstrações contábeis consolidadas são contabilizados pelo método da equivalência patrimonial, de forma consistente com o critério utilizado nas demonstrações contábeis individuais.

A Empresa e suas controladas **possuem empreendimentos desenvolvidos em conjunto com terceiros, através de Sociedades em Conta de Participação – SCP**, cujo objetivo é o desenvolvimento e implantação de Empreendimentos Imobiliários residenciais para comercialização.

A operação em conjunto é contabilizada nas demonstrações contábeis individuais e consolidadas da Empresa e das sociedades controladas, para representar seus direitos e as obrigações contratuais.

A participação nos ativos, passivos, receitas e despesas relacionadas à operação em conjunto são refletidos individualmente nas correspondentes rubricas das demonstrações contábeis individuais e consolidadas da Empresa.

O passivo correspondente às obrigações das devoluções dos recursos aportados pelos sócios nas SCPs estão classificados como passivos sob a rubrica de Conta corrente com parceiros nos empreendimentos.

Exemplo 6: Saldos do Ativo e obrigações

A Empresa opera no ramo imobiliário e efetua o gerenciamento de caixa dos respectivos projetos, efetuando a prestação de contas aos clientes e participantes.

Os saldos dos ativos correspondem aos recursos a serem reembolsados pelos participantes e os passivos são adiantamentos recebidos por conta da execução das obras objeto do contrato de construção e obrigações com os participantes e credores.

Os valores correspondentes aos empreendimentos imobiliários nos quais a Empresa é responsável (Sócia Ostensiva) são:

	Controladora		Consolidado	
Ativo e Passivo	20X2	20X1	20X2	20X1
SCP -1	2.400	1.800	6.000	4.500
SCP -2	(3.800)	(2.850)	(9.500)	(7.125)
SCP -3	10.000	7.500	25.000	18.750
SCP -4	(580)	(435)	(1.450)	(1.088)
SCP -5	386	290	965	724
	8.406	**6.305**	**21.015**	**15.761**
Ativo circulante	12.786	9.590	31.965	23.974
Passivo circulante	(4.380)	(3.285)	(10.950)	(8.213)
	8.406	**6.305**	**21.015**	**15.761**

3.5. CONJUNTO DAS DEMONSTRAÇÕES CONTÁBEIS

De acordo com o CPC 26, o conjunto completo das demonstrações contábeis deve ser aplicado para todas as entidades e, por isso, o conjunto das demonstrações contábeis da sociedade em conta participações:

- **Balanço** patrimonial;
- Demonstração do **Resultado** (DRE);
- Demonstração do **Resultado Abrangente** (DRA);
- Demonstração das **Mutações do Patrimônio Líquido** (DMPL);
- Demonstração dos **Fluxos de Caixa** (DFC);
- Demonstração do **Valor Adicionado** (DVA) (obrigatória se exigida legalmente ou por algum órgão regulador);
- **Notas explicativas** às demonstrações contábeis.

Nota

Estas demonstrações podem ser apresentadas, conforme as circunstâncias, na forma de:
- demonstrações contábeis individuais;
- demonstrações contábeis consolidadas; e
- demonstrações contábeis separadas.

Capítulo 4
Tributação – Sociedade em Conta de Participação (SCP)

4.1. INTRODUÇÃO

Este capítulo é dedicado aos aspectos tributários das operações relativas às Sociedades em Conta de Participação.

Inicialmente consideramos necessário uma análise prévia para saber se a referida sociedade está ou não sujeita à tributação, pois não é uma pessoa jurídica, como verificamos anteriormente.

Assim, fica a pergunta que será respondida ao longo dos tópicos:

A tributação da Sociedade em Conta de Participação ocorre em nome próprio ou do(s) sócio(s) ostensivo(s)?

Diante de tal questão, analisaremos a tributação com base na legislação vigente.

4.2. DISPOSIÇÕES DO DECRETO Nº 3.000/1999 (REGULAMENTO DO IMPOSTO DE RENDA – RIR/99) VERSUS DECRETO Nº 9.580/2018 (NOVO REGULAMENTO DO IMPOSTO DE RENDA)

O revogado Regulamento do Imposto de Renda (Decreto nº 3.000/1999) trazia algumas disposições sobre a SCP, em seus arts. 148, 149 e 254.

SOCIEDADE EM CONTA DE PARTICIPAÇÃO

Com a publicação do Decreto nº 9.580/2018, novo Regulamento do Imposto de Renda (RIR/2018), a essência prevista pelo Decreto anterior foi mantida, porém, com uma pequena, mas, significante alteração.

Vejamos no quadro comparativo:

RIR/1999	RIR/2018
Art. 148. As sociedades em conta de participação são equiparadas às pessoas jurídicas (Decreto-Lei nº 2.303, de 21 de novembro de 1986, art. 7º, e Decreto-Lei nº 2.308, de 19 de dezembro de 1986, art. 3º).	Art. 160. As sociedades em conta de participação são equiparadas às pessoas jurídicas (Decreto-Lei nº 2.303, de 21 de novembro de 1986, art. 7º; e Decreto-Lei nº 2.308, de 19 de dezembro de 1986, art. 3º).
Art. 149. Na apuração dos resultados dessas sociedades, assim como na tributação dos lucros apurados e dos distribuídos, serão observadas as normas aplicáveis às pessoas jurídicas em geral e o disposto no art. 254, II (Decreto-Lei nº 2.303, de 1986, art. 7º, parágrafo único).	Art. 161. Na apuração dos resultados das sociedades em conta de participação, assim como na tributação dos lucros apurados e dos distribuídos, serão observadas as normas aplicáveis às pessoas jurídicas em geral e o disposto no art. 269 (Decreto-Lei nº 2.303, de 1986, art. 7º, parágrafo único).
Sociedades em Conta de Participação Art. 254. A escrituração das operações de sociedade em conta de participação poderá, à opção do sócio ostensivo, ser efetuada nos livros deste ou em livros próprios, observando-se o seguinte: I – quando forem utilizados os livros do sócio ostensivo, os registros contábeis deverão ser feitos de forma a evidenciar os lançamentos referentes à sociedade em conta de participação; II – os resultados e o lucro real correspondentes à sociedade em conta de participação deverão ser apurados e demonstrados destacadamente dos resultados e do lucro real do sócio ostensivo, ainda que a escrituração seja feita nos mesmos livros;	Sociedades em Conta de Participação Art. 269. A escrituração das operações de sociedade em conta de participação deverá ser efetuada em livros próprios.
III – nos documentos relacionados com a atividade da sociedade em conta de participação, o sócio ostensivo deverá fazer constar indicação de modo a permitir identificar sua vinculação com a referida sociedade.	

Acesse o RIR/2018:

- No art. 148 do RIR/1999 tínhamos como ponto-chave a expressão "**são equiparadas às pessoas jurídicas**". Essa expressão permanece no art. 160 RIR/2018;
- O art. 149 do revogado Regulamento, por sua vez, indicava que para fins de apuração do resultado e distribuição de lucros, a forma será a mesma observada pelas demais pessoas jurídicas, permanecendo no art. 161 do atual regulamento;
- Quanto ao art. 254 do Decreto anterior, tínhamos estabelecido que as operações da sociedade deveriam ser feitas nos livros do sócio ostensivo ou em livros próprios da SCP. Todavia, com o atual Regulamento temos a determinação de que as operações devem ser escrituradas nos livros próprios dessa sociedade.

Dessa forma, podemos concluir que essa sociedade é equiparada à pessoa jurídica, para fins tributários e observa os mesmos critérios que as demais pessoas jurídicas, com algumas pequenas diferenças previstas na **Instrução Normativa SRF nº 179/1987** (acesse abaixo), que permanece vigente, e disciplina as regras de tributação.

4.3. TRIBUTAÇÃO CONFORME A INSTRUÇÃO NORMATIVA SRF Nº 179/1987

Com a publicação da Instrução Normativa SRF nº 179/1987, a Secretaria da Receita Federal do Brasil, anteriormente denominada como Secretaria da Receita Federal, editou as regras de tributação para as Sociedades em Conta de Participação, tratando das obrigações principais, assim como das acessórias.

A seguir transcrevemos a referida norma, objetivando ilustrar o que trataremos ao longo do capítulo:

> "INSTRUÇÃO NORMATIVA SRF Nº 179, DE 30 DE DEZEMBRO DE 1987
>
> (Publicado(a) no DOU de 31/12/1987, seção 1, pág. 0)
>
> Dispõe sobre as normas de tributação das sociedades em conta de participação.
>
> O SECRETÁRIO DA RECEITA FEDERAL, no uso de suas atribuições e tendo em vista o disposto no artigo 7º do Decreto-lei nº 2.303, de 21 de novembro de 1986 e no artigo 3º do Decreto-lei nº 2.308, de 19 de dezembro de 1986, RESOLVE:
>
> 1. Os resultados das sociedades em conta de participação – SCP, deverão ser apurados, em cada período-base, com observância das disposições do artigo 16 da Lei nº 7.450, de 23 de dezembro de 1985, e demais normas fiscais aplicáveis às pessoas jurídicas tributadas com base no lucro real, inclusive quanto à correção monetária das demonstrações financeiras.
>
> 2. Compete ao sócio ostensivo a responsabilidade pela apuração dos resultados, apresentação da declaração de rendimentos e recolhimento do imposto devido pela sociedade em conta de participação.
>
> 3. A escrituração das operações da SCP poderá, à opção do sócio ostensivo, ser efetuada nos livros deste ou em livros próprios da referida sociedade.
>
> 3.1. Quando forem utilizados os livros do sócio ostensivo, os registros contábeis deverão ser feitos de forma a evidenciar os lançamentos referentes à SCP.

3.2. Os resultados e o lucro real correspondentes à SCP deverão ser apurados e demonstrados destacadamente dos resultados e do lucro real do sócio ostensivo, ainda que a escrituração seja feita nos mesmos livros.

3.3. Nos documentos relacionados com a atividade da SCP, o sócio ostensivo deverá fazer constar indicação de modo a permitir identificar sua vinculação com a referida sociedade.

4. Não será exigida a inscrição da SCP no Cadastro Geral de Contribuintes do Ministério da Fazenda – CGC/MF.

(Revogado(a) pelo(a) Instrução Normativa RFB nº 1.470, de 30 de maio de 2014)

5. O lucro real da SCP será informado e tributado na mesma declaração de rendimentos do sócio ostensivo.

5.1. Não será incluído na declaração de rendimentos o prejuízo fiscal apurado pela SCP, o qual poderá ser compensado com os lucros da mesma nos 4 (quatro) períodos-base subsequentes.

5.2. Não será permitida a compensação de prejuízos e lucros entre duas ou mais SCP, nem entre estas e o sócio ostensivo.

5.3. O imposto e a contribuição para o Programa de Integração Social – PIS serão pagos juntamente com o imposto e a contribuição para o PIS devidos pelo sócio ostensivo, através do mesmo DARF.

5.4. Os demais tributos federais e a contribuição para o FINSOCIAL correspondentes à SCP serão, também, pagos em nome do sócio ostensivo.

5.5. A opção para aplicação do imposto em investimentos regionais e setoriais incentivados, correspondente à SCP, será efetuada pelo sócio ostensivo, em sua própria declaração de rendimentos.

5.5.1. Os certificados de investimento (CI) correspondentes à SCP serão emitidos em nome do sócio ostensivo.

6. Os valores entregues ou aplicados na SCP, pelos sócios pessoas jurídicas, deverão ser por eles classificados em conta do ativo permanente, de conformidade com o disposto no artigo 179, item III,

da Lei nº 6.404, de 15 de dezembro de 1976, estando sujeitos aos critérios de avaliação previstos na referida Lei nº 6.404/76 e no Regulamento do Imposto de Renda aprovado pelo Decreto nº 85.450, de 04 de dezembro de 1980 (RIR /80).

    6.1. Os valores entregues pelos sócios, pessoas jurídicas, somados aos valores entregues pelos sócios, pessoas físicas, constituirão o capital da SCP, que será registrado em conta que represente o patrimônio Líquido desta.

7. Os lucros recebidos de investimento em SCP, avaliado pelo custo de aquisição, ou a contrapartida do ajuste do investimento ao valor de patrimônio líquido da SCP, no caso de investimento avaliado por esse método, não serão computados na determinação do lucro real dos sócios, pessoas jurídicas, das referidas sociedades.

8. Os rendimentos pagos pela SCP, bem como os lucros por elas distribuídos serão tributados na fonte, nos termos da legislação aplicável às demais pessoas jurídicas.

    8.1. O imposto incidente na fonte, na forma deste item, terá, nos beneficiários dos rendimentos, o mesmo tratamento dado ao imposto retido na fonte pelas demais pessoas jurídicas.

9. O ganho ou perda de capital na alienação de participação em SCP será apurado segundo os mesmos critérios aplicáveis à alienação de participação societária em outras pessoas jurídicas.

10. Fica revogada a Instrução Normativa SRF Nº 49, de 15 de abril de 1987 (D.O.U. de 21 de abril de 1987).

SÉRGIO SANTIAGO DA ROSA
Substituto

*Este texto não substitui o publicado oficialmente".

Com base na Instrução Normativa e na legislação pertinente analisaremos a tributação das Sociedades em Conta de Participação – SCP.

4.4. NOTA À UTILIZAÇÃO DE SOLUÇÕES DE CONSULTA

As Soluções de Consulta utilizadas no decorrer desta obra servem apenas para analisarmos e conhecermos o posicionamento da

Secretaria da Receita Federal do Brasil em relação a determinado assunto, sendo livre a sua pesquisa. Pois, o posicionamento nelas constantes apenas deve ser observado pela pessoa jurídica que formulou o processo de consulta perante o Órgão.

Contudo, essa realidade foi modificada com a publicação da Instrução Normativa RFB nº 1.396/2013 em 17.09.2013, estabelecendo em seu art. 9º, que a Solução de Consulta Cosit e a Solução de Divergência, a partir da data de sua publicação (17.09.2013), tem efeito vinculante no âmbito da RFB e respaldam o sujeito passivo que as aplicar, independentemente de ser o consulente, desde que se enquadre na hipótese por elas abrangida, sem prejuízo de que a autoridade fiscal, em procedimento de fiscalização, verifique seu efetivo enquadramento.

Logo, desde a referida data, as Soluções de Consulta Cosit e a Soluções de Divergência servem para todos os contribuintes que se enquadrem nas hipóteses por elas abrangidas, sendo publicadas na Internet, no sítio da RFB no endereço <http://www.receita.fazenda.gov.br>, com exceção do número do e-processo, dos dados cadastrais do consulente ou de qualquer outra informação que permita a identificação do consulente e de outros sujeitos passivos.

4.5. FORMAS DE TRIBUTAÇÃO

Como verificamos anteriormente nas normas indicadas, a SCP segue as mesmas regras de tributação das demais pessoas jurídicas.

Ou seja, a apuração do IRPJ e da CSLL pode ser conforme o regime do lucro real, lucro presumido ou lucro arbitrado, observando os critérios para opção ou obrigatoriedade de cada regime. Aplicando-se o mesmo em relação ao PIS/PASEP e a COFINS, quanto às regras vigentes para fins de apuração.

O art. 246, § 1º da Instrução Normativa RFB nº 1.700/2017 determina que, observadas as hipóteses de obrigatoriedade do regime de tributação com base no lucro real, as SCP podem optar pelo regime de tributação com base no lucro presumido e resultado presumido.

A opção da SCP pelo regime de tributação com base no lucro presumido e resultado presumido não implica a simultânea opção do sócio ostensivo, nem a opção efetuada por este implica a opção daquela. Ou seja, **a SCP pode ter um regime próprio de tributação**.

Portanto, essa sociedade pode tributar com base no lucro real, lucro presumido ou lucro arbitrado, independente da forma de tributação da sócia ostensiva.

Vejamos a tabela abaixo, que sintetiza o assunto:

	Sócia Ostensiva	**Sociedade em Conta de Participação**
Forma de tributação	Lucro real, lucro presumido ou lucro arbitrado	Lucro real, lucro presumido ou lucro arbitrado **Não há obrigatoriedade legal para que a SCP siga a mesma forma de tributação da sócia ostensiva.**
Obrigações acessórias	Observa as regras específicas de cada obrigação.	Observa as regras específicas de cada obrigação.
Contabilidade	Contabilidade própria.	Contabilidade própria. Não deve haver "mistura" do patrimônio da SCP com o patrimônio da sócia ostensiva.

Nos tópicos seguintes veremos alguns detalhes quanto às formas de tributação.

4.5.1. Instrução Normativa RFB nº 1.700/2017

A Instrução Normativa RFB nº 1.700/2017, que disciplina as grandes alterações tributárias realizadas pela Lei nº 12.973/2014, dispõe em seu art. 6º, que as sociedades em conta de participação (SCP) são equiparadas às pessoas jurídicas, observando que:

- na apuração dos resultados da SCP e na tributação dos lucros apurados e dos distribuídos **serão observadas as normas aplicáveis às pessoas jurídicas em geral**; e
- compete ao sócio ostensivo a responsabilidade pela apuração dos resultados da SCP e pelo recolhimento do IRPJ e da CSLL devidos.

Essa norma reproduz o que já o previsto no art. 161 do RIR/2018 e na IN SRF nº 179/1987, item 2.

Logo, o sócio ostensivo é o responsável por cuidar da tributação e obrigações tributárias desta sociedade.

Acesse a IN RFB 1.700/2017:

4.5.2. Lucro real

De acordo com o já referido art. 269 do RIR/2018 a escrituração das operações de sociedade em conta de participação deverá ser efetuada em livros próprios.

Possivelmente o legislador percebeu uma grande possibilidade de ocorrer confusão patrimonial entre o sócio ostensivo e a SCP e, preferiu determinar a segregação para evitar tal situação.

Os resultados da SCP deverão ser apurados, em cada período-base, com observância das disposições do art. 16 da Lei nº 7.450/1985, e demais normas fiscais aplicáveis às pessoas jurídicas tributadas com base no lucro real. Devendo ser informado e tributado na mesma declaração de rendimentos da sócia ostensiva.

> As obrigações acessórias serão analisadas e apresentadas em capítulo próprio com disposições específicas que podem se diferenciar da IN SRF nº 179/1987.

É importante lembrarmos que estão obrigadas ao regime de tributação com base no lucro real, em cada ano-calendário, as pessoas jurídicas (Lei nº 9.718/1998, art. 14):

a) cuja receita total, no ano-calendário anterior, seja superior ao limite de R$ 78.000.000,00 (setenta e oito milhões de reais), ou de

R$ 6.500.000,00 (seis milhões e quinhentos mil reais) multiplicados pelo número de meses do período, quando inferior a doze meses;

b) cujas atividades sejam de bancos comerciais, bancos de investimentos, bancos de desenvolvimento, caixas econômicas, sociedades de crédito, financiamento e investimento, sociedades de crédito imobiliário, sociedades corretoras de títulos, valores mobiliários e câmbio, distribuidoras de títulos e valores mobiliários, empresas de arrendamento mercantil, cooperativas de crédito, empresas de seguros privados e de capitalização e entidades de previdência privada aberta;

c) que tiverem lucros, rendimentos ou ganhos de capital oriundos do exterior;

d) que, autorizadas pela legislação tributária, usufruam benefícios fiscais relativos à isenção ou redução do imposto;

e) que, no decorrer do ano-calendário, tenham efetuado pagamento mensal do imposto de renda, determinado sobre a base de cálculo estimada, na forma do art. 2º da Lei nº 9.430, de 1996;

f) que explorem as atividades de prestação cumulativa e contínua de serviços de assessoria creditícia, mercadológica, gestão de crédito, seleção e riscos, administração de contas a pagar e a receber, e compras de direitos creditórios resultantes de vendas mercantis a prazo ou de prestação de serviços (*factoring*).

g) que explorem as atividades de securitização de créditos imobiliários, financeiros e do agronegócio.

Capítulo 4 Tributação – Sociedade em Conta de Participação (SCP)

1) Receita Total é o somatório da receita bruta mensal, das demais receitas e ganhos de capital, dos ganhos líquidos obtidos em operações realizadas nos mercados de renda variável e dos rendimentos nominais produzidos por aplicações financeiras de renda fixa, e da parcela das receitas auferidas nas exportações às pessoas vinculadas ou aos países e dependências com tributação favorecida que exceder ao valor já apropriado na escrituração da empresa.

2) As pessoas jurídicas e as sociedades em conta de participação que se encontram nas situações descritas nas alíneas "a" e "c" a "e" acima, poderão optar, durante o período em que submetidas ao Programa de Recuperação Fiscal (Refis), pelo regime de tributação com base no lucro presumido (Lei nº 9.964/2000).

3) Observações previstas na IN RFB nº 1.700/2017, art. 59, §§ 1º a 4º:

Considera-se receita total o somatório: a) da receita bruta mensal; b) dos ganhos líquidos obtidos em operações realizadas em bolsa de valores, de mercadorias e futuros e em mercado de balcão organizado; c) dos rendimentos produzidos por aplicações financeiras de renda fixa e de renda variável; d) das demais receitas e ganhos de capital; e) das parcelas de receitas auferidas nas exportações às pessoas vinculadas ou aos países com tributação favorecida que excederem o valor já apropriado na escrituração da empresa, na forma prevista na Instrução Normativa RFB nº 1.312, de 28 de dezembro de 2012; e f) dos juros sobre o capital próprio que não tenham sido contabilizados como receita, conforme disposto no parágrafo único do art. 76 da IN RFB 1.700/2017.

- A obrigatoriedade a que se refere a alínea "c" não se aplica à pessoa jurídica que auferir receita de exportação de mercadorias e da prestação direta de serviços no exterior;
- Para fins do disposto no item acima, não se considera direta a prestação de serviços realizada no exterior por intermédio de filiais, sucursais, agências, representações, coligadas, controladas e outras unidades descentralizadas da pessoa jurídica que lhes sejam assemelhadas;
- São obrigadas ao regime de tributação do IRPJ com base no lucro real as pessoas jurídicas que exploram atividades de compra de direitos creditórios, ainda que se destinem à formação de lastro de valores mobiliários.

No caso em que a SCP esteja obrigada a seguir o regime de tributação com base no lucro real, ou faça a opção, a tributação será anual ou trimestral, devendo ser observados os mesmos critérios de apuração das demais pessoas jurídicas.

4.5.2.1. Prejuízo fiscal apurado pela SCP

Conforme o art. 586 do RIR/2018 (correspondente ao artigo 515 do RIR/1999) e o artigo 211 da IN RFB 1.700/2017, temos a disposição de que o prejuízo fiscal apurado por sociedade em conta de participação somente poderá ser compensado com o lucro real decorrente da mesma sociedade, sendo vedada a compensação de prejuízos fiscais e lucros entre duas ou mais sociedades em conta de participação ou entre estas e o sócio ostensivo.

Valendo o mesmo para a base de cálculo negativa da CSLL apurada por SCP que somente poderá ser compensada com o resultado ajustado positivo decorrente da mesma SCP. Sendo igualmente vedada a compensação de bases de cálculo negativas da CSLL com resultados ajustados positivos entre duas ou mais SCP ou entre estas e o sócio ostensivo.

A seguir transcrevemos a questão extraída das Perguntas e Respostas da Pessoa Jurídica 2021 vinculadas à Escrituração Contábil Fiscal (ECF), sobre o tema:

> **Qual o tratamento tributário aplicável ao prejuízo fiscal apurado por Sociedade em Conta de Participação (SCP)?** O prejuízo fiscal apurado por Sociedade em Conta de Participação (SCP), somente poderá ser compensado com o lucro real decorrente da mesma SCP. É vedada a compensação de prejuízos fiscais e lucros entre duas ou mais SCP, ou entre estas e o sócio ostensivo. (Normativo: RIR/2018, art. 586.)

4.5.2.2. Saldo negativo do IRPJ e da CSLL

Caso haja saldo negativo, este será controlado na Escrituração Contábil Fiscal – ECF.

4.5.3. Lucro Presumido

O lucro presumido é uma forma de tributação simplificada para determinação da base de cálculo do imposto de renda e da CSLL para as pessoas jurídicas que não estiverem obrigadas, no ano-calendário, à apuração pelo lucro real. O imposto de renda e a contribuição social sobre o lucro são devidos trimestralmente.

A opção pelo regime de tributação com base no lucro presumido é manifestada com o pagamento da primeira ou única quota do imposto devido, correspondente ao primeiro período de apuração de cada ano-calendário.

A pessoa jurídica que iniciar atividades a partir do segundo trimestre manifesta a opção com o pagamento da primeira ou única quota do imposto devido, relativa ao período de apuração do início de atividade.

A opção pela apuração do imposto de renda com base no lucro presumido é irretratável para o ano-calendário (Lei nº 9.718/1998, art. 13, § 1º).

4.5.3.1. A SCP e a opção pelo lucro presumido

Com a publicação da Instrução Normativa SRF nº 31/2001 em 02.04.2001, a partir de 1º.01.2001 examinadas as hipóteses de obrigatoriedade de observância do regime de tributação com base no lucro real, previstas no art. 14 da Lei nº 9.718/1998, as Sociedades em Conta de Participação puderam ser tributadas pelo regime do lucro presumido.

Ressalta-se que a tributação da SCP pelo regime do lucro presumido não implica a simultânea opção do sócio ostensivo, nem a opção efetuada por este implica a opção daquela (Instrução Normativa RFB 1.700/2017, art. 246, § 1º).

Quando estas sociedades exercem as atividades de compra e venda, loteamento, incorporação e construção de imóveis **não podem optar pelo lucro presumido** enquanto não forem concluídas as operações imobiliárias para as quais haja registro de custo orçado.

Pode também a SCP **adotar o regime de caixa** para fins de reconhecimento de suas receitas, tendo em vista as disposições dos arts. 223 e 246, § 3º da IN RFB nº 1.700/2017.

Portanto, não existe vedação para que a SCP tribute com base no lucro presumido, desde que não esteja obrigada ao lucro real, devendo observar as mesmas disposições seguidas pelas demais pessoas jurídicas que observam este regime.

4.5.4. Ato Declaratório Normativo CST nº 01/80 – IRRF – Esclarecimento

De acordo com o Ato Declaratório Normativo CST nº 1/1980, publicado no Diário Oficial em 28.02.1980, temos a disposição de que o direito de recuperar em Declaração de Rendimentos o imposto de renda retido na fonte em aplicações financeiras ou qualquer outra modalidade de antecipação efetuada por Sociedade em Conta de Participação, em nome do sócio ostensivo, não pode ser por este repassado aos sócios ocultos.

Contudo, após realizarmos diversas pesquisas, não localizamos esclarecimentos suficientes ou informações complementares para sua aplicação ao caso concreto.

Assim, apenas fizemos a menção para conhecimento, tendo em vista o tratamento do rendimento da sociedade que deve ser em separado do rendimento do sócio ostensivo, considerando as normas atuais e citadas ao longo do trabalho.

4.5.5. PIS/Pasep e Cofins

Pelo exposto anteriormente, já sabemos que as Sociedades em Conta de Participação são equiparadas às pessoas jurídicas pela legislação do Imposto de Renda, e, como tais, são contribuintes do IRPJ, da CSLL, do PIS/Pasep e da Cofins.

Assim, o PIS/PASEP e a COFINS serão apurados conforme o **regime cumulativo**, previsto na Lei nº 9.718/1998 ou conforme o **regime não cumulativo** estabelecido pelas Leis 10.637/2002 e 10.833/2003, disciplinados pela Instrução Normativa RFB nº 1.911/2019.

Para a apuração dessas contribuições, a SCP também terá o faturamento ou receita bruta definida pelo artigo 12 do Decreto-Lei nº 1.598/1977, conforme o regime:

a) Regime cumulativo: Lei nº 9.718/1998, artigo 3º, que não abrange as demais receitas, sendo aquelas que não fazem parte do objeto social ou atividade da empresa;

b) Regime não cumulativo: Leis 10.637/2002 e 10.833/2003, artigo 1º, que abrange as demais receitas.

No regime não cumulativo, a SCP terá normalmente o direito a apropriação dos créditos do PIS/PASEP e da COFINS, conforme a sua atividade.

Importa salientar que essa sociedade também pode ter regime misto de tributação (cumulativo e não cumulativo), tendo em vista as disposições do art. 8º da Lei nº 10.637/2002 e o art. 10 da Lei nº 10.833/2003.

Portanto, a SCP segue os mesmos critérios de tributação do PIS/PASEP e da COFINS das demais pessoas jurídicas, tendo em vista o regime escolhido.

4.5.6. Tratamento das Receitas Financeiras

As receitas financeiras estão definidas no art. 397 do RIR/2018 e decorrem de juros, descontos obtidos, o lucro na operação de reporte e os rendimentos de aplicações financeiras de renda fixa, ganhos pelo contribuinte.

Ainda, conforme o art. 9º da Lei nº 9.718/1998, as variações monetárias dos direitos de crédito e das obrigações do contribuinte, em função da taxa de câmbio ou de índices ou coeficientes aplicáveis por disposição legal ou contratual serão consideradas, para efeitos da legislação do imposto de renda, da contribuição social sobre o lucro líquido, da contribuição PIS/PASEP e da COFINS, como receitas ou despesas financeiras, conforme o caso.

Com base nas disposições acima, relacionamos o tratamento das receitas financeiras para os regimes cumulativo e não cumulativo das contribuições.

4.5.6.1. Regime cumulativo

As pessoas jurídicas que observam o regime cumulativo do PIS/PASEP e da COFINS se sujeitam às disposições da Lei nº 9.718/1998.

A referida Lei dispõe em seus arts. 2º e 3º que o PIS/PASEP e a COFINS serão calculados com base no seu faturamento.

Por sua vez, o faturamento compreende a receita bruta de que trata o art. 12 do Decreto-Lei nº 1.598/1977.

Logo, no regime cumulativo, apenas são tributadas as receitas advindas do objeto ou atividade das pessoas jurídicas.

Esclarecemos que os valores decorrentes do ajuste a valor presente, de que trata o inciso VIII do *caput* do art. 183 da Lei nº 6.404/1976, das operações que fazem parte do objeto ou atividade da pessoa jurídica, serão tributadas como receita bruta (Decreto-Lei nº 1.598/1977, art. 12, § 5º).

Dessa forma, se a receita financeira não fizer parte do objeto ou da atividade da pessoa jurídica, não teremos a tributação do PIS/PASEP e da COFINS no regime cumulativo.

4.5.6.2. Regime Não Cumulativo

De acordo com as Leis 10.637/2002 e 10.833/2003, art. 1º, o PIS/PASEP e a COFINS, apurados com base no regime não cumulativo, incidem sobre o total das receitas auferidas no mês pela pessoa jurídica, independentemente de sua denominação ou classificação contábil.

O total das receitas compreende a receita bruta de que trata o art. 12 do Decreto-Lei nº 1.598/1977, e todas as demais receitas auferidas pela pessoa jurídica com os seus respectivos valores decorrentes do ajuste a valor presente de que trata o inciso VIII do *caput* do art. 183 da Lei nº 6.404/1976.

Porém, desde 1º de julho de 2015, conforme o Decreto nº 8.426/2015, art. 1º, sobre as receitas financeiras auferidas pelas pessoas jurídicas que observam o regime não cumulativo, temos a tributação de 0,65% para o PIS/PASEP e de 4% para a COFINS.

Apenas permanecem com alíquota zero dessas contribuições, as receitas financeiras decorrentes de variações monetárias, em função da taxa de câmbio, de:

1) operações de exportação de bens e serviços para o exterior;

2) obrigações contraídas pela pessoa jurídica, inclusive empréstimos e financiamentos.

Também permanecem com alíquota zero as receitas financeiras decorrentes de operações de cobertura (*hedge*) realizadas em bolsa de valores, de mercadorias e de futuros ou no mercado de balcão organizado destinadas exclusivamente à proteção contra riscos inerentes às oscilações de preço ou de taxas quando, cumulativamente, o objeto do contrato negociado:

   a) estiver relacionado com as atividades operacionais da pessoa jurídica; e

   b) destinar-se à proteção de direitos ou obrigações da pessoa jurídica.

Sendo assim, para o regime não cumulativo das contribuições, deve ser dado o tratamento acima para as receitas financeiras.

4.6. DIREITOS DE CRÉDITOS E DAS OBRIGAÇÕES EM FUNÇÃO DA TAXA DE CÂMBIO

A Instrução Normativa RFB nº 1.079/2010 dispõe sobre o tratamento tributário aplicável às variações monetárias dos direitos de crédito e das obrigações do contribuinte em função da taxa de câmbio.

A tributação das variações cambiais, independente do regime de reconhecimento das receitas da atividade (regime de competência ou regime de caixa), pode ocorrer pelo regime de caixa (regra geral) ou competência (opcional).

Assim, desde o ano-calendário de 2011, a opção pelo regime de competência deverá ser comunicada à Secretaria da Receita Federal do Brasil (RFB) por intermédio da Declaração de Débitos e Créditos Tributários Federais (DCTF) relativa ao mês de adoção do regime.

E como será demonstrada a opção pela SCP, sendo que ela não se sujeita a apresentação da DCTF?

Não existe forma de optar pelo regime de competência.

Assim, estaria sujeita ao regime de caixa, sendo a regra geral estabelecida pela norma referida.

Caso, o sócio ostensivo verifique que a empresa está sendo prejudicada, pode formular processo de consulta nos moldes da Instrução

Normativa RFB nº 1.396/2013 ou até mesmo processo administrativo, para obter tal solução.

4.7. RESPONSABILIDADE DO SÓCIO OSTENSIVO

Compete ao sócio ostensivo a responsabilidade pela apuração dos resultados, apresentação da declaração de rendimentos e recolhimento do imposto devido pela sociedade em conta de participação.

4.8. APURAÇÃO E RECOLHIMENTO DOS TRIBUTOS

A apuração dos tributos da SCP deve ser realizada de forma separada da apuração da sócia ostensiva, pois não temos nenhuma previsão para agregar as receitas, os resultados, conforme os motivos a seguir extraídos das normas abordadas ao longo deste trabalho, a SCP:

1. é equiparada à pessoa jurídica;
2. não é uma filial da sócia ostensiva;
3. deverá ter a escrituração das operações em livros próprios.

Diante de tal situação, nos "Fundamentos" da **Solução de Consulta SRRF03/Disit nº 3.003, de 06/04/2020, item 10**, temos essa comprovação:

"Isso, no entanto, não significa que os tributos devidos pelo sócio ostensivo e pela SCP sejam apurados de forma agregada; a contabilização e a documentação fiscal deve permitir a separação das operações relativas à atuação da sócia ostensiva e da SCP, conforme prescreve o art. 269 do RIR/2018".

Quanto ao recolhimento dos tributos, a Instrução Normativa RFB nº 1.700/2017, estabelece em seu art. 246, § 2º, que o recolhimento do IRPJ e da CSLL devidos pela SCP será efetuado mediante a utilização de **DARF – Documento de Arrecadação de Receitas Federais específico, em nome do sócio ostensivo**.

Em relação ao PIS/Pasep e a COFINS, são também contribuintes, as sociedades em conta de participação, devendo o sócio ostensivo efetuar o pagamento das contribuições incidentes sobre a receita bruta do empreendimento, **não sendo permitida a exclusão de valores devidos a sócios participantes** (Decreto-Lei nº 2.303, de 21 de novembro de 1986, art. 7º; e Lei nº 10.406, de 10 de janeiro de 2002, arts. 991 a 996; e IN RFB nº 1.911/2019, art. 6º, § 2º, inciso III).

A mesma Instrução Normativa RFB nº 1.911/2019, em seu art. 117, parágrafo único, estabelece que o referido **pagamento deve ser efetuado juntamente com as próprias contribuições** da sócia ostensiva.

> Aqui já temos um ponto de atenção.
> Ou seja, quando o regime de tributação das contribuições for o mesmo da SCP e da sócia ostensiva, não há problema, mas não seria o melhor procedimento, tendo em vista que os Códigos/Extensões para informação na DCTF, se diferem para ambas.
> E, para o caso em que os regimes forem diferentes?! Mesmo com a publicação da IN RFB 1.911/2019, esta orientação permanece da mesma forma que constava na revogada IN SRF 247/2002, art. 80.
> Diante de tal situação e por falta de esclarecimento por parte da RFB, o procedimento recomendado seria recolher os tributos da SCP em DARF's separados, para não ter problemas quando do preenchimento da DCTF.

Portanto, é importante atentar-se a esses detalhes de apuração, bem como de recolhimento dos tributos.

4.9. OPÇÃO PELO SIMPLES NACIONAL DA SCP E DE SUAS SÓCIAS

A Lei Complementar nº 123/2006 instituiu, dentre outras situações, o regime do Simples Nacional, regulamento atualmente pela Resolução CGSN nº 140/2018.

Como sabemos, nem todas as empresas são admitidas para fins de tributação pelo regime simplificado, em especial quando participam do capital de outra(s) empresa(s) ou possuem empresa(s) participando do seu capital.

Diante de tais vedações, a seguir analisaremos o caso da SCP e de suas sócias, conforme as especificações a seguir:

Lei Complementar nº 123/2006, art. 3º, § 4º, incisos I e VII	Resolução CGSN nº 140/2018, art. 15, incisos II e VIII
I – de cujo capital participe outra pessoa jurídica;	II – de cujo capital participe outra pessoa jurídica ou sociedade em conta de participação; (Lei Complementar nº 123, de 2006, art. 3º, § 4º, inciso I)
VII – que participe do capital de outra pessoa jurídica;	VIII – que participe do capital de outra pessoa jurídica ou de sociedade em conta de participação; (Lei Complementar nº 123, de 2006, art. 3º, § 4º, inciso VII)

Importante saber que a Resolução CGSN nº 94/2011 (revogada pela Resolução CGSN nº 140/2018), não trazia expressamente as vedações acima, mas o tratamento de vedação ao ingresso no Simples Nacional se justificava, uma vez que, essas sociedades são equiparadas às pessoas jurídicas.

Assim temos:

- **Opção da SCP pelo Simples Nacional**

Em relação ao inciso I, § 4º, art. 3º, da LC nº 123/2006 e inciso II, art. 15 da Resolução CGSN nº 140/2018 (de cujo capital participe outra pessoa jurídica ou sociedade em conta de participação), vamos analisar a opção pelo Simples Nacional em relação à SCP.

Sendo a SCP equiparada a pessoa jurídica e tendo outra(s) pessoa(s) jurídica(s) participando do seu capital (chamado de patrimônio especial), ela fica impedida de optar pelo regime do Simples Nacional.

Portanto, a SCP não pode optar pelo Simples Nacional.

Também podemos aplicar a ela a vedação presente no inciso VII, § 4ª, art. 3º da LC nº 123/2006 e inciso VIII, art. 15 da Resolução CGSN nº 140/2018, ou seja, que participe do capital de outra pessoa jurídica ou de sociedade em conta de participação, pois nada impede que a SCP tenha as atividades de uma *holding* (participação no capital de outras empresas) ou até mesmo participe do capital de outra SCP.

- **Opção das sócias da SCP pelo Simples Nacional**

As pessoas jurídicas, sejam ostensivas ou participantes, também não podem optar pelo Simples Nacional, com base no inciso VII da LC nº 123/2006 e no inciso VIII da Resolução CGSN nº 140/2018 (que participe do capital de outra pessoa jurídica ou de sociedade em conta de participação).

Observando tal disposição, em 2011, a **Solução de Consulta Disit 06 nº 122, de 19/12/2011**, abaixo transcrita, ratificou tal situação:

MINISTÉRIO DA FAZENDA
SECRETARIA DA RECEITA FEDERAL

SOLUÇÃO DE CONSULTA Nº 122 de 19 de Dezembro de 2011
ASSUNTO: Simples Nacional

EMENTA: PESSOA JURÍDICA SÓCIA DE SOCIEDADE EM CONTA DE PARTICIPAÇÃO – Sendo as Sociedades em Conta de Participação (SCP) equiparadas às Pessoas Jurídicas, quem delas participar como sócia estará impedida de ingressar no Simples Nacional.

Posteriormente, já na vigência da Resolução CGSN 140/2018, tivemos a publicação da **Solução de Consulta SRRF10/Disit nº 10.024, de 22/06/2015** sobre o mesmo tema:

ASSUNTO: SIMPLES NACIONAL
OPTANTE PELO SIMPLES NACIONAL.
VEDAÇÃO À PARTICIPAÇÃO NO CAPITAL DE OUTRA PESSOA JURÍDICA.
SOCIEDADE EM CONTA DE PARTICIPAÇÃO (SCP).
EQUIPARAÇÃO À PESSOA JURÍDICA.
Para fins tributários, a Sociedade em Conta de Participação – SCP equipara-se a pessoa jurídica. Sendo assim, as microempresas ou empresas de pequeno porte que sejam sócias de SCP não poderão beneficiar-se do tratamento jurídico diferencia-

do previsto na Lei Complementar nº 123, de 2006, o que implica a exclusão do Simples Nacional.

SOLUÇÃO DE CONSULTA VINCULADA À SOLUÇÃO DE CONSULTA COSIT Nº 139, DE 3 DE JUNHO DE 2015.

Assim, a SCP não poderá optar pelo Simples Nacional e tampouco as suas sócias, sejam elas participantes ou ostensiva.

4.10. SOCIEDADE DE PROPÓSITO ESPECÍFICO (SPE) – VEDAÇÃO À PARTICIPAÇÃO NO CAPITAL DE OUTRA PESSOA JURÍDICA – SOCIEDADE EM CONTA DE PARTICIPAÇÃO (SCP)

Analisando a **Solução de Consulta nº 139 – Cosit – Data: 03.06.2015**, temos um assunto interessante.

Como já verificamos ao longo deste capítulo, para fins tributários, a Sociedade em Conta de Participação equipara-se à pessoa jurídica e, portanto, a microempresa ou empresa de pequeno porte integrante de Sociedade de Propósito Específico, que seja sócia ostensiva de SCP não poderá beneficiar-se do tratamento jurídico diferenciado previsto na Lei Complementar nº 123/2006, o que implica a exclusão do Simples Nacional.

São pequenos detalhes que fazem toda a diferença para fins de um planejamento tributário eficaz.

4.11. PARTICIPAÇÃO NO CAPITAL DA SCP – SUJEIÇÃO À AVALIAÇÃO DE INVESTIMENTO

A participação de pessoas jurídicas no capital da Sociedade em Conta de Participação, também se sujeita a avaliação desse investimento.

De acordo com o art. 183, inciso III da Lei nº 6.404/1976 (LSA), temos a disposição de que os investimentos em participação no capital de outras sociedades serão avaliados:

a) pelo **custo de aquisição**, ou

b) pelo **método da equivalência patrimonial**.

Tal avaliação ocorrerá com observância dos critérios legais previstos na Lei nº 6.404/1976, no Decreto nº 9.580/2018, arts. 415 a 422, com as alterações efetivadas nas matrizes legais de cada artigo, bem como da Instrução Normativa RFB 1.700/2017, arts. 178 a 184.

Abaixo, resumimos a tributação do IRPJ, CSLL, PIS/PASEP e COFINS sobre a avaliação do investimento pelo custo de aquisição e pelo método de avaliação patrimonial, tendo em vista que não é o foco deste trabalho, mas que pode ser verificado de forma detalhada no livro **Holding Visão Societária, Contábil e Tributária – 2ª Edição.**

4.11.1. Custo de aquisição

Como regra geral, os lucros e dividendos recebidos de outra pessoa jurídica integrarão o lucro operacional. Mas, existe exceção quando:

a) decorrentes de participação societária **avaliada pelo custo de aquisição**, adquirida até seis meses antes da data da respectiva percepção, serão registrados pelo contribuinte como diminuição do valor do custo e não influenciarão as contas de resultado. Ou seja, o recebimento de lucros ou dividendos até seis meses após a data de aquisição do investimento será deduzido da conta de investimento e não será tratado como receita (RIR/2018, art. 416).

De acordo com algumas pesquisas realizadas por nós em diversos livros, citados nas Referências Bibliográficas, uma das explicações que analisamos e entendemos como pertinente para detalhar a situação é que quando o dividendo é pago em até 6 meses da data de aquisição do investimento, a investidora despendeu um valor maior pelas ações da investida em decorrência de estarem "cheias" (esperava-se que ocorresse a distribuição de dividendos).

Depois dessa distribuição, essas ações estariam "vazias" e com menor cotação no mercado. Assim, por esse motivo, o dividendo é contabilizado como redução do valor do investimento no Ativo da investidora.

Logo, podemos resumir o recebimento de lucros e dividendos:

Recebidos **em até 6 meses** após a aquisição.	Reduzem o investimento	Não influenciam o resultado. **Tratamento contábil:** D – Dividendo a receber (Ativo Circulante) C – Participações societárias (Ativo Não Circulante – Investimento)
Recebidos **depois de 6 meses** da data de aquisição	Não reduzem o investimento.	Influenciam o resultado, mas não são tributos porque já foram tributados na investida. Regra geral do artigo 10 da Lei nº 9.249/1995. **Tratamento contábil:** D – Dividendo a receber (Ativo Circulante) C – Receita de dividendo (Conta de Resultado) **Tratamento tributário:** Exclusão da parte "A" do Lalur e do Lacs.

b) são distribuídos pela coligada ou controlada e são registrados como diminuição do valor de patrimônio líquido do investimento (Método de Equivalência Patrimonial).

Portanto, na avaliação de investimento pelo método de custo, a investidora apenas terá como receita, o lucro ou dividendo recebido em decorrência de sua participação.

Agora vejamos o tratamento desses lucros ou dividendos.

Os lucros recebidos de investimento em SCP, avaliado pelo custo de aquisição, ou a contrapartida do ajuste do investimento ao valor de patrimônio líquido da SCP, no caso de investimento avaliado por esse método, não serão computados na determinação do lucro real das pessoas jurídicas que fazem parte desta sociedade.

Portanto, temos:

IRPJ e CSLL: Os lucros ou dividendos recebidos pela pessoa jurídica, em decorrência de participação societária avaliada pelo custo de aquisição, adquirida até seis meses antes da data da respectiva percepção, serão registrados pelo contribuinte como diminuição do valor do custo e não influenciarão as contas de resultado (Decreto-Lei nº 2.072/1983, art. 2º; e IN RFB nº 1.700/2017, art. 178).

Capítulo 4 Tributação – Sociedade em Conta de Participação (SCP)

Não estando dentro do prazo de seis meses, os lucros e dividendos recebidos não reduzirão o investimento e não integrarão a base de cálculo do imposto e da contribuição da pessoa jurídica beneficiária (Lei nº 9.249/1995, art. 10).

PIS/PASEP e COFINS: Não integram a base de cálculo, o resultado positivo da avaliação de investimentos pelo valor do patrimônio líquido e os lucros e dividendos derivados de participações societárias, que tenham sido computados como receita (Leis nºs 9.718/1998, art. 3º, § 2º, inciso II; 10.637/2002 e 10.833/2003, art. 1º, § 3º, inciso V, alínea "b").

Abaixo segue um quadro sinótico com o resumo da tributação:

Forma de tributação	Tributo	Tributo	Tipo de rendimento	Tributação sim ou não
Lucro Real anual	IRPJ	CSLL	Receita bruta (lucros e dividendos derivados de participações societárias)	Não (exclusão do lucro líquido)
Lucro Real trimestral	IRPJ	CSLL	Receita bruta (lucros e dividendos derivados de participações societárias)	Não (exclusão do lucro líquido)
Lucro Presumido	IRPJ	CSLL	Receita bruta (lucros e dividendos derivados de participações societárias)	Não
Regime não cumulativo	PIS/Pasep	Cofins	Receita bruta (lucros e dividendos derivados de participações societárias)	Não (não integram a base de cálculo)
Regime cumulativo	PIS/Pasep	Cofins	Receita bruta (lucros e dividendos derivados de participações societárias)	Não (exclusão da receita bruta)

4.11.2 Método de Equivalência Patrimonial

Se o investimento não é avaliado pelo custo de aquisição, cabe a avaliação pelo método de equivalência patrimonial.

Mas, como saber qual método utilizar?

A utilização não é por escolha, mas sim por atender determinados requisitos trazidos pela legislação.

4.11.2.1. Definição do MEP

Equivalência patrimonial é o método que consiste em atualizar o valor contábil do investimento ao valor equivalente à participação societária da sociedade investidora no patrimônio líquido da sociedade investida, e no reconhecimento dos seus efeitos na demonstração do resultado do exercício.

Conforme definição contida no CPC 18 – Investimento em Coligada, em Controlada e em Empreendimento Controlado em Conjunto, equivalência patrimonial é o método de contabilização por meio do qual o investimento é inicialmente reconhecido pelo custo e, a partir daí, é ajustado para refletir a alteração pós-aquisição na participação do investidor sobre os ativos líquidos da investida.

As receitas ou as despesas do investidor incluem sua participação nos lucros ou prejuízos da investida, e os outros resultados abrangentes do investidor incluem a sua participação em outros resultados abrangentes da investida.

Em resumo, para fins didáticos: a investidora deve refletir no seu investimento as alterações que ocorrem no patrimônio da empresa investida.

4.11.2.2. Requisitos de obrigatoriedade ao MEP

Os requisitos de obrigatoriedade do MEP estão dispostos no artigo 420 do RIR/2018, a seguir transcrito:

"Art. 420. Serão avaliados pelo valor de patrimônio líquido os investimentos da pessoa jurídica (Lei nº 6.404, de 1976, art. 248, *caput*):

I – em sociedades controladas;

II – em sociedades coligadas; e

III – em sociedades que façam parte do mesmo grupo ou estejam sob controle comum.

> § 1º **Considera-se controlada** *a sociedade na qual a controladora, diretamente ou por meio de outras controladas, seja titular de direitos de sócio que lhe assegurem, de modo permanente, preponderância nas deliberações sociais e poder de eleger a maioria dos administradores (Lei nº 6.404, de 1976, art. 243, § 2º).*
>
> § 2º **Consideram-se coligadas** *as sociedades nas quais a investidora tenha influência significativa (Lei nº 6.404, de 1976, art. 243, § 1º).*
>
> § 3º **Considera-se que há influência significativa** *quando a investidora detenha ou exerça poder de participar nas decisões as políticas financeira ou operacional a investida, sem controlá-la (Lei nº 6.404, de 1976, art. 243, § 4º).*
>
> § 4º **A influência significativa é presumida** *quando a investidora for titular de vinte por cento ou mais do capital votante da investida, sem controlá-la (Lei nº 6.404, de 1976, art. 243, § 5º)". (grifo nosso)*

Ainda, devem ser observados os arts. 179 a 184 da Instrução Normativa RFB nº 1.700/2017.

Portanto, para que o investimento esteja sujeito ao método de equivalência patrimonial, faz-se necessário atender algum dos requisitos e seguir as orientações de tratamento previstas na Instrução Normativa.

4.11.3. MEP – Lucro Real

As empresas tributadas com base no lucro real e que avaliam o investimento na SCP pelo MEP, devem seguir as disposições a seguir:

IRPJ e CSLL: A contrapartida do ajuste do valor contábil do bem, por aumento ou redução no valor de patrimônio líquido do investimento, não será computada para fins de determinação do lucro real, observado o disposto no art. 446, que trata de investimento no exterior (Decreto nº 9.580/2018, art. 426; e Instrução Normativa RFB nº 1.700/2017, art. 181).

Observe que o ágio e o deságio devem ser tratados conforme as disposições do Decreto-Lei nº 1.598/1977, art. 25 e do Decreto-Lei nº 1.730/1979, art. 1º, inciso III).

PIS/PASEP e COFINS: Não integram a base de cálculo, o resultado positivo da avaliação de investimentos pelo valor do patrimônio líquido e os lucros e dividendos derivados de participações societárias, que tenham sido computados como receita (Leis 10.637/2002 e 10.833/2003, art. 1º, § 3º, inciso V, alínea "b").

4.11.4. MEP – Lucro Presumido

Importa salientar que o legislador apenas tratou da tributação com base no regime do lucro real e não fez menção em relação ao lucro presumido.

Porém, não existe vedação para que a empresa que observa o regime do lucro presumido realize a avaliação de investimento pelo método de equivalência patrimonial. A diferença entre ela e o lucro real é de que a empresa do lucro presumido não terá interferência tributária em relação ao investimento, com mínima exceção, conforme as disposições contidas na tabela abaixo:

Tipo	Tratamento	Base legal
Ganhos de capital auferidos na alienação de participações societárias permanentes em sociedades coligadas e controladas, e de participações societárias que permaneceram no ativo da pessoa jurídica até o término do ano-calendário seguinte ao de suas aquisições.	Acréscimo à base de cálculo do IRPJ e da CSLL. **Atenção:** Na apuração desses ganhos de capital, o aumento ou redução no valor do ativo registrado em contrapartida a ganho ou perda decorrente de sua avaliação com base no valor justo **não será considerado como parte integrante do valor contábil.** Contudo, essa disposição não se aplica caso o ganho relativo ao aumento no valor do ativo tenha sido anteriormente computado na base de cálculo do tributo.	Instrução Normativa RFB nº 1.700/2017, art. 215, § 3º, inciso I, alínea "a"; art. 217, §§ 1º e 2º.

Tipo	Tratamento	Base legal
O ganho decorrente de avaliação de ativo ou passivo com base no valor justo.	Não integrará as bases de cálculo do lucro presumido e do resultado presumido no período de apuração: • relativo à avaliação com base no valor justo, caso seja registrado diretamente em conta de receita; ou • em que seja reclassificado como receita, caso seja inicialmente registrado em conta de patrimônio líquido.	Instrução Normativa RFB nº 1.700/2017, art. 217.

Em relação ao PIS/PASEP e a COFINS, a Lei nº 9.718/1998 trata em seu artigo 3º, § 2º, inciso II, sobre a exclusão da receita bruta decorrente do resultado positivo da avaliação de investimento pelo valor do patrimônio líquido e os lucros e dividendos derivados de participações societárias, que tenham sido computados como receita bruta.

4.11.4.1. *Solução de Consulta COSIT nº 204 de 2019 – Obrigatoriedade do MEP – Lucro Presumido*

De acordo com a **Solução de Consulta COSIT nº 204 de 2019**, temos a disposição de que as participações no capital de outras sociedades serão avaliadas pelo Método da Equivalência Patrimonial nas hipóteses previstas pela legislação societária, ainda que a investidora seja pessoa jurídica tributada com base no lucro presumido.

Logo, se a empresa participa do capital de outras sociedades e atende aos requisitos para avaliar pelo MEP, deve fazê-lo mesmo que tribute com base no regime do lucro presumido.

4.11.4.2. *Súmula CARF 137 – Lucro Presumido – Equivalência Patrimonial – Não Tributação*

Por meio da **Portaria ME nº 410 de 2020**, publicada no Diário Oficial da União de 18/12/2020, o Ministro da Economia atribuiu a 30 Súmulas do CARF efeito vinculante em relação a toda Administração Tributária Federal.

O efeito vinculante atribuído às Súmulas torna sua observância obrigatória pela Procuradoria Geral da Fazenda Nacional e Secretaria Especial da Receita Federal do Brasil repercutindo, assim, em todos os processos que tratam do mesmo tema.

A medida visa contribuir para a segurança jurídica na área tributária, assegurando a imparcialidade e celeridade na solução dos litígios.

Dentre as 30 Súmulas, destacamos:

Súmula CARF nº 137

Os resultados positivos decorrentes da avaliação de investimentos pelo método da Equivalência Patrimonial não integram a base de cálculo do IRPJ ou da CSLL na sistemática do lucro presumido.

Assim, a Súmula apenas corrobora com o tratamento que já vem sendo efetuado ao resultado da equivalência patrimonial para as empresas do lucro presumido.

4.11.5. Distribuição de lucros pela SCP

Conforme o Decreto nº 9.580/2018, artigo 425, §§ 1º a 3º e a Instrução Normativa RFB nº 1.700/2017, art. 180, parágrafo único, temos a disposição de que os lucros ou os dividendos distribuídos pela investida (SCP) deverão ser registrados pelo contribuinte como diminuição do valor do investimento e não influenciarão as contas de resultado.

Quando esses rendimentos forem apurados em balanço da investida (SCP) levantado em data posterior à da última avaliação, deverão ser creditados à conta de resultados da investidora e, ressalvado o disposto no § 2º do artigo 415 (alienação ou liquidação do investimento) do RIR/2018, não serão computados para fins de determinação do lucro real.

Na hipótese prevista no parágrafo anterior, se a avaliação subsequente for baseada em balanço ou balancete de data anterior à da distribuição, o patrimônio líquido da investida deverá ser ajustado, com a exclusão do valor total distribuído.

Em relação à tributação dos lucros distribuídos, tratamos em Capítulo específico mais detalhes.

4.12. GANHO OU PERDA DE CAPITAL – ALIENAÇÃO DO INVESTIMENTO EM SCP

O ganho ou perda de capital na alienação de participação em SCP será apurado segundo os mesmos critérios aplicáveis à alienação de participação societária em outras pessoas jurídicas.

Na dissolução parcial de sociedade, com devolução do capital em dinheiro, a parte do patrimônio líquido da pessoa jurídica atribuída ao sócio que exceder ao custo de aquisição da participação societária admitido pela legislação será tributada segundo a natureza de cada conta componente do patrimônio líquido.

Na dissolução parcial de sociedade, com devolução do capital em bens e direitos do ativo da pessoa jurídica, que forem transferidos ao titular ou a sócio ou acionista, a título de devolução de sua participação no capital social, poderão ser avaliados pelo valor contábil ou de mercado.

A devolução de capital será tributada na pessoa jurídica que a está realizando, quando efetuada a valor de mercado.

Sendo assim, a tributação da devolução de capital ao sócio que se retira, depende de a devolução se efetivar em dinheiro ou bens e direitos (Lei 5.172/1966 – CTN, art. 43; Lei nº 9.249/1995, art. 22, §§ 1º a 4º; RIR/2018, arts. 136 a 143, 677, 701 e 725).

No caso da devolução de capital se der em dinheiro a parte do patrimônio líquido da pessoa jurídica atribuída ao sócio que exceder ao custo de aquisição da participação societária admitido pela legislação será tributada segundo a natureza de cada conta componente do patrimônio líquido, aplicando-se aos rendimentos tributáveis a tabela progressiva vigente no mês do pagamento ou crédito do rendimento.

Contudo, se a devolução de capital se der em bens ou direitos, poderá ser avaliada pelo valor contábil ou de mercado, pela pessoa jurídica que efetuar a devolução e terá o seguinte tratamento tributário:

1) a devolução de capital em bens ou direitos será tributada na pessoa jurídica que a está realizando, como ganho de capital, quando efetuada a valor de mercado;

2) o ganho de capital a ser oferecido a tributação é a diferença entre o valor de mercado e o valor contábil dos bens ou direitos entregues àquele que se retira.

4.13. MAIS DE UM SÓCIO OSTENSIVO – POSSIBILIDADE E TRATAMENTO

Como verificamos no Capítulo que trata das questões societárias das Sociedades em Conta de Participação, é permitido pelo Código Civil que haja mais de um sócio ostensivo.

Logo, na apuração dos resultados da Sociedade em Conta de Participação – SCP, assim como na tributação dos lucros apurados e dos distribuídos, serão observadas as normas aplicáveis às pessoas jurídicas em geral.

No caso de haver mais de um sócio ostensivo, compete a apenas um sócio ostensivo a responsabilidade pela apuração dos resultados, apresentação da declaração de rendimentos e recolhimento do imposto devido pela SCP, sem prejuízo da responsabilidade legal dos demais, tendo em vista a **Solução de Consulta DISIT/SRRF05 nº 43 de 14.09.2011**:

"SOLUÇÃO DE CONSULTA DISIT/SRRF05 Nº 43, DE 14 DE SETEMBRO DE 2011

(Publicado(a) no DOU de 19/09/2011, seção 1, página 33)

(...)

ASSUNTO: Normas Gerais de Direito Tributário

Na apuração dos resultados da Sociedade em Conta de Participação (SCP), assim como na tributação dos lucros apurados e dos distribuídos, serão observadas as normas aplicáveis às pessoas jurídicas em geral. Havendo mais de um sócio ostensivo, compete a apenas um sócio ostensivo a responsabilidade pela apuração dos resultados, apresentação da declaração de rendimentos e recolhimento do imposto devido pela SCP, sem prejuízo da responsabilidade legal dos demais.

Dispositivos Legais: Decreto nº 3.000, de 1999, RIR/99, arts. 254; IN SRF nº 179, de 1987; IN SRF nº 31, de 2001, art. 1º; LC nº 123, de 2006, art. 3º, VII; Resolução CGSN nº 4, de 2007, art. 12, VIII".

4.14. ESCRITURAÇÃO DAS OPERAÇÕES

A Instrução Normativa SRF nº 179/1987, dispõe nos itens 3 a 5 que a escrituração das operações da SCP poderá, à opção do sócio ostensivo, ser efetuada nos livros deste ou em livros próprios da referida sociedade.

Quando forem utilizados os livros do sócio ostensivo, os registros contábeis deverão ser feitos de forma a evidenciar os lançamentos referentes à SCP.

Os resultados e o lucro real correspondentes à SCP deverão ser apurados e demonstrados destacadamente dos resultados e do lucro real do sócio ostensivo, ainda que a escrituração seja feita nos mesmos livros.

Contudo, com a publicação do RIR/2018, art. 269, temos a disposição de que **a escrituração das operações de sociedade em conta de participação deverá ser efetuada em livros próprios**.

Assim, a disposição da IN mencionada está obsoleta, devendo a escrituração da SCP ocorrer em livros próprios.

4.15. DOCUMENTOS E OUTROS

Nos documentos relacionados com a atividade da SCP, o sócio ostensivo deverá fazer constar indicação de modo a permitir identificar sua vinculação com a referida sociedade.

A opção para aplicação do imposto em investimentos regionais e setoriais incentivados, correspondente à SCP, será efetuada pelo sócio ostensivo, em sua própria declaração de rendimentos.

Os certificados de investimento (CI) correspondentes à SCP serão emitidos em nome do sócio ostensivo.

4.16. O POOL HOTELEIRO

Pool hoteleiro é definido como um sistema de locação conjunta de unidades imobiliárias, com o tratamento tributário previsto no Ato Declaratório Interpretativo SRF nº 14/2004.

Assim, no sistema de locação conjunta de unidades imobiliárias, constitui-se, independentemente de qualquer formalidade, Sociedade em Conta de Participação (SCP) com o objetivo de lucro comum, onde a administradora (empresa hoteleira) é a sócia ostensiva e os proprietários das unidades imobiliárias integrantes do pool são os sócios ocultos.

As Sociedades em Conta de Participação são equiparadas às pessoas jurídicas pela legislação do Imposto de Renda, e, como tais, são contribuintes do Imposto de Renda das Pessoas Jurídicas (IRPJ), da Contribuição Social sobre o Lucro Líquido (CSLL), da Contribuição para o PIS/Pasep e da Contribuição para o Financiamento da Seguridade Social (Cofins).

Na apuração das bases de cálculo do imposto e das contribuições, devidas pela aludida sociedade, bem como na distribuição dos lucros, serão observadas as normas aplicáveis às pessoas jurídicas em geral.

São receitas ou resultados próprios da SCP, exemplificativamente, sujeitando-se às normas de tributação específicas do IRPJ, da CSLL, da Contribuição para o PIS/Pasep e da Cofins:

- as diárias, semanadas ou aluguéis, relativos às unidades integrantes do pool hoteleiro, inclusive de áreas de restaurantes, salão de convenções, lojas etc., também integrantes do sistema de locação conjunta;
- os preços dos serviços prestados, os impostos e taxas incidentes sobre os imóveis, e os demais encargos locatícios, se cobrados, pela administradora, destacadamente das diárias, semanadas ou aluguéis;
- as indenizações recebidas por extravios e danos causados às unidades; as multas e juros de mora; o resultado das aplicações dos saldos financeiros da sociedade.

É a administradora (empresa hoteleira), na qualidade de sócia ostensiva, a responsável pelo recolhimento do imposto e das contribuições devidas pela SCP, sem prejuízo do recolhimento do imposto e das contribuições incidentes sobre suas próprias receitas ou resultados.

Ainda, deverão ser observadas as demais normas específicas da legislação do imposto de renda e das contribuições sociais, aplicáveis às SCP.

De acordo com a **Solução de Consulta nº 189 – Cosit – Data: 27.06.2014**, publicada em 07.07.2014, aplica-se o Ato Declaratório Interpretativo SRF nº 14, de 4 de maio de 2004, inclusive, na hipótese em que as unidades imobiliárias tenham um único proprietário, pessoa física ou jurídica.

Por fim, em relação às pessoas físicas, transcrevemos a seguir Solução de Consulta:

"**MINISTÉRIO DA FAZENDA**
SECRETARIA DA RECEITA FEDERAL
SOLUÇÃO DE CONSULTA Nº 175 de 15 de Outubro de 2008 – Disit 06

ASSUNTO: Imposto sobre a Renda de Pessoa Física – IRPF

EMENTA: RENDIMENTOS PAGOS POR SCP. POOL HOTELEIRO. A pessoa física, proprietária de unidade imobiliária integrante de pool hoteleiro, que recebe lucros de sociedade em conta de participação (SCP), administradora desse sistema de locação conjunta, não está obrigada a incluí-los na base de cálculo do IRPF da declaração anual de ajuste".

Acesse o inteiro teor:

4.17. SOCIEDADE EM CONTA DE PARTICIPAÇÃO E INCENTIVO FISCAL DE DEDUÇÃO DO IR

Com a publicação da **Solução de Consulta nº 8 – SRRF03/Disit – Data: 27.02.2012** e observando as disposições legais mencionadas ao longo deste capítulo, tivemos manifestação da Secretaria da Receita Federal do Brasil para o incentivo fiscal do sócio ostensivo.

Logo, como já verificamos, a Sociedade em Conta de Participação – SCP, para os efeitos da legislação do Imposto de Renda, é equiparada às demais pessoas jurídicas.

Para fins societários, a SCP e o sócio ostensivo são entidades distintas e inconfundíveis, entretanto, as obrigações tributárias da sociedade são de responsabilidade do sócio ostensivo.

Quanto ao incentivo fiscal de redução de 75% do imposto de renda e adicionais não restituíveis na área da SUDENE, de que trata a Medida Provisória nº 2.199-14/2001, beneficia exclusivamente o lucro da exploração da pessoa jurídica com projeto aprovado pelo Ministério da Integração Nacional e reconhecido pela Receita Federal, não se estendendo o favor fiscal concedido à empresa sócia ostensiva aos resultados auferidos por Sociedade em Conta de Participação.

4.18. PESSOA JURÍDICA PARTICIPANTE DE SOCIEDADE EM CONTA DE PARTICIPAÇÃO E O PADIS

A participação de pessoa jurídica em Sociedade em Conta de Participação na qualidade de sócia participante não impede a fruição dos incentivos fiscais concedidos pelo Programa de Apoio ao Desenvolvimento Tecnológico da Indústria de Semicondutores – Padis, desde que atenda às condições e aos requisitos exigidos pela legislação (Solução de Consulta DISIT/SRRF nº 12/2013 – Publicada no Diário Oficial da União em 27.03.2013).

4.19. INVESTIMENTO NO CAPITAL DA SCP – TRATAMENTO

Os valores entregues ou aplicados na SCP, pelos sócios pessoas jurídicas, deverão ser por eles classificados em conta do ativo não circulante – Investimentos, de conformidade com o disposto no art. 179, inciso III, da Lei nº 6.404/1976 (Lei das Sociedades por Ações), estando sujeitos aos critérios de avaliação nela previstos e no RIR /2018).

Os valores entregues pelos sócios, pessoas jurídicas, somados aos valores entregues pelos sócios, pessoas físicas, constituirão o capital da SCP, que será registrado em conta que represente o Patrimônio Líquido desta.

4.20. INCORPORAÇÃO IMOBILIÁRIA E CONSTRUÇÃO CIVIL

A criação de SCP é muito comum no ramo da incorporação imobiliária e da construção civil. Pois, algumas pessoas jurídicas e físicas desejam investir nestes ramos, mas sem ter toda a responsabilidade e controle que são necessários.

A tributação seguirá as disposições gerais e mais as específicas que esses ramos exigem. Por isso, relacionamos a seguir, as principais normas pertinentes ao ramo:

Incorporação Imobiliária e Construção civil	Regime Especial de Tributação - RET	Contabilidade
• Decreto nº 9.580/2018, arts. 478 a 495; • Instrução Normativa SRF nº 84/1979; • Instrução Normativa RFB nº 1.700/2017; • Instrução Normativa RFB 1.911/2019; • Lei nº 10.637/2002, art. 8º; e • Lei nº 10.833/2003, art. 10.	• Lei nº 10.931/2004; e • Instrução Normativa RFB nº 1.435/2013.	• Lei nº 6.404/1976; • CPC 47 - Receita de Contrato com Cliente; • CPC 00 (R2) - Estrutura Conceitual para Relatório Financeiro; • CPC 26 (R1) - Apresentação das Demonstrações Contábeis.

4.21. OUTRAS INFORMAÇÕES

Neste tópico indicaremos algumas Soluções de Consulta e Decisões do CARF que abordam diversos assuntos relacionados a SCP.

4.21.1. Vedação à soma de receitas da SCP e sócia ostensiva

SOLUÇÃO DE CONSULTA COSIT Nº 83, DE 21 DE JUNHO DE 2021

Assunto: Imposto sobre a Renda de Pessoa Jurídica – IRPJ

Para fins de obrigatoriedade da adoção do regime de tributação do IRPJ com base no lucro real, nos termos do art. 14, inciso I, da Lei nº 9.718, de 1998, a empresa que figurar como sócia ostensiva em sociedade em conta de participação (SCP) não deve somar as receitas da SCP de que faça parte às suas receitas.

Dispositivos Legais: Lei nº 10.406, de 2002, arts. 991 e 993; Lei nº 9.718, de 1998, art, 14, inciso I; Decreto nº 9.580, de 2018 (RIR/2018), arts. 160, 161, 269 e 586; Instrução Normativa RFB nº 1.700, de 2017, arts. 6º, 59, 246.

4.21.2. Destaque do lucro resultante da SCP

SOLUÇÃO DE CONSULTA DISIT/SRRF02 Nº 2003, DE 14 DE MAIO DE 2020

Assunto: Imposto sobre a Renda de Pessoa Jurídica – IRPJ

SOCIEDADE EM CONTA DE PARTICIPAÇÃO. APURAÇÃO DE IRPJ.

O lucro resultante das atividades da sociedade em conta de participação deverá ser apurado e demonstrado destacadamente dos resultados do sócio ostensivo.

SOLUÇÃO DE CONSULTA VINCULADA À SOLUÇÃO DE CONSULTA COSIT Nº 655, DE 27 DE DEZEMBRO DE 2017.

Dispositivos Legais: Lei nº 10.406, de 2002, art. 991; Instrução Normativa RFB nº 1.700, de 2017, arts. 6º e 246.

4.21.3. Dedução ou Compensação de Tributos

SOLUÇÃO DE CONSULTA COSIT Nº 202, DE 18 DE JUNHO DE 2019

Assunto: Normas Gerais de Direito Tributário

SOCIEDADE EM CONTA DE PARTICIPAÇÃO. DEDUÇÃO OU COMPENSAÇÃO DE TRIBUTOS.

Os tributos incidentes nas operações próprias do sócio ostensivo devem ser apurados separadamente dos tributos devidos pela sociedade em conta de participação (SCP).

Os valores dos tributos retidos nas operações próprias do sócio ostensivo só podem ser objeto de dedução ou compensação relativamente aos tributos devidos pelo sócio ostensivo. De igual forma, os valores dos tributos retidos nas operações referentes à SCP só podem ser objeto de dedução ou compensação relativamente aos tributos devidos pela SCP.

No caso de o sócio ostensivo ter saldos a compensar de valores retidos a título de Contribuição para o PIS/Pasep e da Cofins nas suas operações próprias, eles podem ser objeto de restituição ou compensação na forma estabelecida no art. 24 da Instrução Normativa RFB nº 1.717, de 2017.

Dispositivos Legais: Lei Complementar nº 7, de 1970, art. 1º, § 1º; Lei Complementar nº 70, de 1991, art. 1º; Lei nº 7.689, de 1988, art. 4º; Lei nº 9.430, de 1996, art. 74, § 12; Lei nº 10.406, de 2002, arts. 991 e 993; Decreto nº 9.580, de 2018 (RIR/2018), arts. 160 e 161; Decreto nº 4.524, de 2002, arts. 3º e 81; Instrução Normativa RFB nº 1.700, de 2017, art. 6º; Instrução Normativa RFB nº 1.717, art. 24.

4.21.4. Regime Especial de Tributação – Distribuição Desproporcional de Lucros – Devolução da Participação no Capital Social

SOLUÇÃO DE CONSULTA COSIT Nº 56, DE 25 DE FEVEREIRO DE 2019

Assunto: Normas de Administração Tributária

REGIME ESPECIAL DE TRIBUTAÇÃO – INCORPORAÇÃO DE IMÓVEIS – SOCIEDADE EM CONTA DE PARTICIPAÇÃO – SCP – POSSIBILIDADE DE OPÇÃO.

A SCP que contiver, em seu patrimônio especial, incorporação sujeita ao Regime Especial de Tributação de que trata a Lei nº 10.931, de 2004, poderá apurar o IRPJ, a CSLL, a Contribuição para o Pis/Pasep e a Cofins relativos a essa incorporação na forma do art. 4º desta Lei.

O sócio ostensivo da SCP que contiver em seu patrimônio especial incorporação sujeita ao RET deverá cumprir com todas as formalidades relativas ao regime e responder em nome da SCP para todos os fins.

DISTRIBUIÇÃO DESPROPORCIONAL DE LUCROS – POSSIBILIDADES.

O pagamento ou crédito de lucros e dividendos pela SCP aos sócios é isenta de imposto de renda, contanto que seja observada a legislação tributária e civil.

Estão abrangidos pela isenção os lucros distribuídos aos sócios de forma desproporcional à contribuição para o patrimônio especial da SCP, desde que tal distribuição esteja devidamente estipulada no contrato e em conformidade com o Código Civil de 2002 e desde que não seja utilizado para fins de dissimulação da ocorrência de fato gerador de tributo.

CAPITAL SOCIAL – DEVOLUÇÃO DA PARTICIPAÇÃO NO CAPITAL SOCIAL MEDIANTE ENTREGA DE ATIVOS.

Aplicam-se às SCPs as mesmas regras estabelecidas para as demais pessoas jurídicas para devolução da participação na sociedade.

A devolução de capital aos sócios, quando da dissolução ou extinção da sociedade pode ser feita mediante entrega de ativos, ao seu valor contábil, ou valor de mercado, conforme previsto no art. 22 da Lei nº 9.249, de 1995.

Dispositivos Legais: Lei nº 10.931, de 02 de agosto de 2004, arts. 1 ao 4º; Lei nº 9.249, de 26 de dezembro de 1995, art. 10; Lei nº 10.406, de 10 de janeiro de 2002 – Código Civil –, arts. 991, 993, 994, 996 e 1.007; Lei nº 9.249, de 26 de dezembro de 1995, arts 10 e 22; e ADI nº 14, de 4 de maio de 2004.

4.21.5. Exercício de Atividade Constitutiva do Objeto Social pelo Sócio Participante – Tributação dos Resultados

SOLUÇÃO DE CONSULTA COSIT Nº 142, DE 19 DE SETEMBRO DE 2018

ASSUNTO: NORMAS GERAIS DE DIREITO TRIBUTÁRIO

EMENTA: SOCIEDADE EM CONTA DE PARTICIPAÇÃO. CARACTERÍSTICAS.

EXERCÍCIO DE ATIVIDADE CONSTITUTIVA DO OBJETO SOCIAL PELO SÓCIO PARTICIPANTE. TRIBUTAÇÃO DOS RESULTADOS.

Para fins tributários, não se caracteriza como Sociedade em Conta de Participação (SCP) o arranjo contratual no qual o sócio participante exerce a atividade constitutiva do objeto social e é remunerado na forma de distribuição de lucros. Desnaturada a SCP pelo exercício da atividade constitutiva do objeto social pelo sócio participante, os valores recebidos por este a título de participação nos negócios abarcados pelo objeto social devem ser tributados como receita da atividade principal.

A consulente não faz jus a isenção do IRPJ, CSLL, PIS e COFINS referente aos valores recebidos a título de participação nos negócios abarcados pelo objeto das SCPs.

Dispositivos Legais: Lei Complementar nº 7, de 7 de setembro de 1970, art. 1º; Lei nº 7.689, de 15 de dezembro de 1988, arts. 1º e 6º; Lei Complementar nº 70, de 30 de dezembro de 1991, art. 1º; Lei nº 9.715, de 25 de novembro de 1998, art. 2º; Decreto nº 3.000, de 26 de março de 1999, arts. 148 e 149; e Lei nº 10.406, de 10 de janeiro de 2002 – Código Civil, arts. 981, 991 e 996.

4.21.6. Contribuição Previdenciária Incidente sobre a Receita Bruta – Lei nº 12.546, de 2011 – Não sujeição

SOLUÇÃO DE CONSULTA COSIT Nº 99.049, DE 21 DE MARÇO DE 2017

Assunto: CONTRIBUIÇÕES SOCIAIS PREVIDENCIÁRIAS

EMENTA: CONTRIBUIÇÃO PREVIDENCIÁRIA INCIDENTE SOBRE A RECEITA BRUTA. LEI Nº 12.546, DE 2011. SOCIEDADE EM CONTA DE PARTICIPAÇÃO. NÃO SUJEIÇÃO.

As receitas decorrentes da atividade constitutiva do objeto social da Sociedade em Conta de Participação devem compor a base de cálculo da contribuição previdenciária devida pelo sócio ostensivo sujeito à contribuição previdenciária incidente sobre a receita bruta de que trata a Lei nº 12.546, de 2011.

SOLUÇÃO DE CONSULTA VINCULADA À SOLUÇÃO DE CONSULTA Nº 9 – COSIT, DE 13 DE JANEIRO DE 2017.

DISPOSITIVOS LEGAIS: Lei Complementar nº 7, de 1970, art. 1º, § 1º; Lei Complementar nº 70, de 1991, art. 1º; Lei nº 5.172, de 1966 (CTN), arts. 97, 111 e 121; Lei nº 7.689, de 1988, art. 4º; Lei nº 10.406, de 2002, arts. 991 e 993; Lei nº 12.546, de 2011, arts. 7º e 9º; Lei nº 8.212, de 1991, art. 15, I; Decreto nº 3.000, de 1999 (RIR/1999), art. 148; Decreto nº 4.524, de 2002, arts. 3º e 81; Instrução Normativa SRF nº 179, de 1987; Instrução Normativa SRF nº 390, de 2004, art. 8º, Instrução Normativa RFB nº 1.252, de 2012, arts. 1º e 4º, § 4º; Instrução Normativa RFB nº 1.422, de 2013, art. 1º, § 1º; Instrução Normativa RFB nº 1.470, de 2014, art. 52.

4.21.7. Custos e despesas não comprovados

MINISTÉRIO DA FAZENDA CONSELHO ADMINISTRATIVO DE RECURSOS FISCAIS

PRIMEIRA SEÇÃO DE JULGAMENTO

Processo nº 10972.720010/201354

Sessão de 20 de junho de 2017 Matéria IRPJ CUSTOS/DESPESAS NÃO COMPROVADOS

ASSUNTO: IMPOSTO SOBRE A RENDA DE PESSOA JURÍDICA – IRPJ

Ano-Calendário: 2008, 2009

DESPESA DESNECESSÁRIA. ENCARGOS FINANCEIROS ASSUMIDOS. RECURSOS TRANSFERIDOS À SÓCIA OCULTA. FALTA DE PROVA.

Dever ser afastada a glosa de despesa financeira quando não provada a acusação de que a fiscalizada assumira encargos financeiros para a obtenção, no mercado, dos recursos transferidos a outra pessoa jurídica, parceira oculta em sociedade em conta de participação.

Assim, encerramos este capítulo com as informações necessárias para a tributação das Sociedades em Conta de Participação.

Capítulo 5
Obrigações Acessórias – Sociedade em Conta de Participação (SCP)

5.1. OBRIGAÇÕES ACESSÓRIAS

Anteriormente, todas as obrigações acessórias da SCP eram apresentadas pela sócia ostensiva, caracterizada pela pessoa jurídica responsável pela centralização das informações constantes das demonstrações e pelas apurações dos tributos federais, em especial, no tocante ao Imposto de Renda da Pessoa Jurídica, CSL, PIS/Pasep e Cofins.

Contudo, tivemos algumas mudanças em relação a essa disposição, que veremos no decorrer deste capítulo, indicando o ponto principal para cada obrigação acessória a que a SCP está sujeita.

Ressalvamos que não apontaremos todos os campos das obrigações acessórias, que tratam da SCP, tendo em vista de que não é o objetivo do nosso trabalho.

5.2. EFD-CONTRIBUIÇÕES

De acordo com a Instrução Normativa RFB nº 1.252/2012, artigo 4º, § 4º, em relação aos fatos geradores ocorridos a partir de 1º de janeiro de 2014, no caso de a pessoa jurídica ser sócia ostensiva de Sociedades em Conta de Participação (SCP), a EFD-Contribuições deverá ser transmitida separadamente, para cada SCP, além da transmissão da EFD-Contribuições da sócia ostensiva.

Portanto, a EFD-Contribuições deve ser entregue para a sócia ostensiva, bem como para cada SCP.

Conforme o Guia Prático da EFD Contribuições – Versão 1.35: Atualização em 18/06/2021, temos a seguinte orientação:

"Registro 0035: Identificação de Sociedade em Conta de Participação – SCP

Conforme disposto no art. 4º da Instrução Normativa RFB nº 1.252/2012, em relação aos fatos geradores ocorridos a partir de 1º de janeiro de 2014, no caso de a pessoa jurídica ser sócia ostensiva de Sociedades em Conta de Participação (SCP), a EFD-Contribuições deverá ser transmitida separadamente, para cada SCP, além da transmissão da EFD-Contribuições, da própria sócia ostensiva.

ATENÇÃO: ASSINATURA DIGITAL DAS EFD-CONTRIBUIÇÕES DE CADA SCP. A pessoa jurídica sócia ostensiva deverá proceder à assinatura digital e transmissão, da EFD de cada SCP que atue como sócia ostensiva, com o mesmo certificado digital utilizado para a assinatura digital e transmissão da EFD correspondente às operações da própria pessoa jurídica. Ou seja, com o mesmo certificado, a pessoa jurídica irá transmitir todas as EFD-Contribuições – a de suas próprias operações e as referentes à cada SCP.

Desta forma, a pessoa jurídica que participe de SCP como sócia ostensiva, fica obrigada a segregar e escriturar as suas operações em separado, das operações referentes à(s) SCP(s).

Como exemplo, considerando que determinada pessoa jurídica participe de várias SCP, conforme abaixo:

1. SCP XXX – Sócia Ostensiva
2. SCP XYW – Sócia Participante
3. SCP WQA – Sócia Participante
4. SCP ABC – Sócia Ostensiva
5. SCP WEG – Sócia Ostensiva

Neste caso, a pessoa jurídica sócia ostensiva deverá proceder à escrituração de suas próprias operações, fazendo constar na sua EFD-Contribuições, a escrituração de 03 (três) registros 0035, identificando em cada um desses registros, cada SCP que atua como sócia ostensiva. No caso acima, ter-se-ia um registro 0035 para informar ao Fisco a SCP

"XXX", outro para informar a SCP "ABC" e outro para informar a SCP "WEG".

Além da obrigatoriedade de informar cada SCP que atue como sócia ostensiva, no registro 0035 de sua escrituração, a PJ sócia ostensiva deverá gerar, validar e transmitir uma EFD-Contribuições para cada uma dessas SCP. Assim, neste exemplo, a obrigatoriedade que recai sobre a pessoa jurídica é da geração e transmissão de 04 (quatro) escriturações digitais – a da própria PJ e uma para cada SCP, relacionando as operações que lhe são próprias.

IMPORTANTE: A pessoa jurídica deverá informar nos blocos A, C, D, F, M e P da escrituração de cada SCP, os documentos fiscais e operações correspondentes a cada SCP, mesmo que estes documentos fiscais tenham sido emitidos em nome e com o CNPJ da PJ sócia ostensiva. Neste caso, não deve a PJ sócia ostensiva relacionar em sua própria escrituração os documentos e operações que sejam das SCP, uma vez que estes documentos e operações devem ser relacionados na escrituração digital de cada SCP".

Quanto ao campo 02 COD_SCP – Identificação da SCP – Preenchimento: Informar neste campo o código de identificação da SCP (em formato numérico) a que se refere este registro. A codificação, de tamanho fixo de 14 dígitos, é de livre definição pela pessoa jurídica sócia ostensiva, podendo inclusive ser utilizado o número do CNPJ, caso a pessoa jurídica sócia ostensiva tenha inscrito a SCP no CNPJ.

5.3. ECF – ESCRITURAÇÃO CONTÁBIL FISCAL

A Instrução Normativa RFB nº 2.004/2021, dispõe em seu art. 1º, § 3º, que no caso de pessoas jurídicas que foram sócias ostensivas de Sociedades em Conta de Participação (SCP), a ECF deverá ser transmitida separadamente, para cada SCP, além da transmissão da ECF da sócia ostensiva.

Extraímos algumas informações do Manual de Orientação do Leiaute 7 da ECF – Atualização: Dezembro de 2020:

REGISTRO 0000: ABERTURA DO ARQUIVO DIGITAL E IDENTIFICAÇÃO DA PESSOA JURÍDICA

Campo 4 – CNPJ: Preencher este campo com o número de inscrição no Cadastro Nacional da Pessoa Jurídica (CNPJ) do declarante.

Observação: No caso de arquivo de Sociedade em Conta de Participação (SCP), deve ser informado neste campo o CNPJ do sócio ostensivo. O CNPJ da SCP, no caso de arquivo da SCP, será informado no campo 0000.COD_SCP, que só deve ser preenchido pela própria SCP (Não é preenchido pelo sócio ostensivo).

Registro 0035: Identificação das SCP

O registro só deve ser utilizado nas ECF das pessoas jurídicas sócias ostensivas que possuem Sociedades em Conta de Participação (SCP), para identificação das SCP da pessoa jurídica no período da escrituração.

Para o preenchimento do Campo 2 – COD_SCP – do referido registro, temos a informação de que deve ser indicado o CNPJ da SCP (Art. 4º, XVII, da Instrução Normativa RFB nº 1.634, de 6 de maio de 2016).

"**Exemplo de Preenchimento:**
|0035|11111111000291|SCP TESTE 1|

|0035|: Identificação do tipo do registro.

|11111111000291|: CNPJ da SCP (11.111.111/0001-91).

|SCP TESTE 1|: Nome da SCP."

Há que se ressaltar que, caso a pessoa jurídica tenha Sociedades em Conta de Participação (SCP), cada SCP deverá preencher e transmitir sua própria ECF, utilizando o CNPJ da pessoa jurídica que é sócia ostensiva e o CNPJ de cada SCP.

5.4. DCTF – DECLARAÇÃO DE DÉBITOS E CRÉDITOS TRIBUTÁRIOS FEDERAIS E DCTFWEB – DECLARAÇÃO DE DÉBITOS E CRÉDITOS TRIBUTÁRIOS FEDERAIS PREVIDENCIÁRIOS E DE OUTRAS ENTIDADES E FUNDOS

Tendo em vista o art. 2º, § 2º da Instrução Normativa RFB nº 2.005/2021, temos a disposição de que as informações relativas às Sociedades em Conta de Participação (SCP) devem ser apresentadas pelo sócio ostensivo, na DCTF ou DCTFWeb a que estiver obrigado em razão da atividade que desenvolve.

Logo, será entregue apenas a DCTF da sócia ostensiva, onde as informações da SCP deverão constar nas fichas de cada tributo a que estiver sujeita, observando o regime de tributação escolhido, com a utilização dos códigos de variação específicos para ela.

Os códigos de variação estão disponíveis no site da Receita Federal no endereço < https://www.gov.br/receitafederal/pt-br >.

Exemplo de código de variação, para fins da DCTF, em relação à SCP, quando esta e a sócia ostensiva tributam com base no lucro presumido:

Código/ Variação	Periodicidade	Período de Apuração do Fato Gerador	Denominação
2089/01	Trimestral	A partir do 1º trimestre de 1997	IRPJ – Lucro Presumido
2089/08	Trimestral	A partir do 1º trimestre de 2001	IRPJ – Lucro Presumido – SCP

Desta forma, é importante observar cada tributo a que a SCP está sujeita, para verificar o código/variação correspondente, para fins do correto preenchimento da DCTF.

5.5. ECD – ESCRITURAÇÃO CONTÁBIL DIGITAL

Quanto à Escrituração Contábil Digital (ECD), conforme a Instrução Normativa RFB nº 1.774/2017, art. 3º, § 4º, até 16.05.2019, antes da publicação da Instrução Normativa RFB nº 1.894/2019, a SCP enquadrada nas hipóteses de obrigatoriedade de apresentação da ECD deveria apresentá-la como livros próprios ou livros auxiliares do sócio ostensivo.

Contudo, a partir da publicação da norma mencionada, a Sociedade em Conta de Participação (SCP) enquadrada nas hipóteses de obrigatoriedade de apresentação da ECD deve apresentá-la como livro próprio.

Essa disposição permanece na norma atual, **Instrução Normativa RFB nº 2.003/2021**, art. 3º, § 5º, inciso II.

Portanto, a ECD da SCP deve ser apresentada separadamente da ECD da sócia ostensiva.

5.6. DIRF – DECLARAÇÃO DO IMPOSTO SOBRE A RENDA RETIDO NA FONTE

No que tange à DIRF, não temos previsão de apresentação em separado para a SCP conforme as disposições da Instrução Normativa RFB nº 1.990/2020.

Mas a referida norma dispõe em seu artigo 2º, inciso II, alínea "d" de que as pessoas físicas e jurídicas na condição de sócias ostensivas de sociedade em conta de participação deverão apresentar a Dirf 2021, ano-calendário 2020, ainda que não tenha havido retenção do imposto.

Por fim, ainda deverão ser informados na DIRF os beneficiários de dividendos e lucros pagos ao sócio, ostensivo ou participante, pessoa física ou jurídica, de Sociedade em Conta de Participação.

5.7. DIMOB – DECLARAÇÃO DE INFORMAÇÕES SOBRE ATIVIDADES IMOBILIÁRIAS

Quanto à DIMOB, conforme a Instrução Normativa RFB nº 1.115/2010, art. 1º, a Declaração de Informações sobre Atividades Imobiliárias é de apresentação obrigatória para as pessoas jurídicas e equiparadas:

a) que comercializarem imóveis que houverem construído, loteado ou incorporado para esse fim;

b) que intermediarem aquisição, alienação ou aluguel de imóveis;

c) que realizarem sublocação de imóveis;

d) que se constituírem para construção, administração, locação ou alienação de patrimônio próprio, de seus condôminos ou de seus sócios.

As pessoas jurídicas e equiparadas de que trata o item "a" apresentarão as informações relativas a todos os imóveis comercializados, ainda que tenha havido a intermediação de terceiros.

As pessoas jurídicas e equiparadas que não tenham realizado operações imobiliárias no ano-calendário de referência estão desobrigadas à apresentação da DIMOB.

Reiteramos que, conforme o art. 160 do Decreto nº 9.580/2018 (RIR/2018), as Sociedades em Conta de Participação são equiparadas às pessoas jurídicas e, portanto, devem apresentar a DIMOB se estiverem enquadradas nos critérios mencionadas na Instrução Normativa RFB nº 1.115/2010.

5.8. PER/DCOMP – PEDIDO DE RESTITUIÇÃO, RESSARCIMENTO OU REEMBOLSO E DECLARAÇÃO DE COMPENSAÇÃO

Não temos nenhuma disposição na Instrução Normativa RFB nº 2.055/2021 sobre como devem ser feitos os pedidos de restituição, ressarcimento, reembolso e declaração de compensação em que o titular do crédito seja sociedade em conta de participação.

Porém, o Ato Declaratório Executivo Corec nº 1/2014, art. 3º, que trata de uma versão antiga da PER/DCOMP traz a disposição de que esses pedidos não podem ser solicitados com utilização do Programa, devendo ser realizados na forma dos anexos constantes na Instrução Normativa RFB nº 1.300/2012, atualmente a Instrução Normativa RFB nº 2.055/2021.

Contudo, interpretamos que permanece dessa forma ainda, já que não há disposição diferente, considerando, o art. 8º, § 1º da atual norma.

5.9. ESOCIAL E EFD-REINF

Mesmo com tantas alterações no eSocial, vale a pena mencionarmos a **Solução de Consulta nº 233 – Cosit – Data: 7 de dezembro de 2018,** onde a RFB esclarece o que segue:

"Assunto: Obrigações Acessórias

SISTEMA DE ESCRITURAÇÃO DIGITAL DAS OBRIGAÇÕES FISCAIS, PREVIDENCIÁRIAS E TRABALHISTAS – eSOCIAL. SOCIEDADES EM CONTA DE PARTICIPAÇÃO – SCP. TRANSMISSÃO DE INFORMAÇÕES. SÓCIO OSTENSIVO.

No que toca às obrigações acessórias instituídas pela RFB que digam respeito às contribuições previdenciárias abrangidas pela IN RFB nº 1.787, 07/02/2018, as informações relativas às sociedades em conta de participação (SCP) devem ser apresentadas pelo sócio ostensivo, em sua própria DCTFWeb e, consequentemente, no eSocial. Dispositivos Legais: Decreto nº 8.373, de 11 de dezembro de 2014, arts. 2º e 8º; Instrução normativa – IN RFB nº 1.787, de 07 de fevereiro de 2018".

Tendo em vista a EFD-Reinf, prevista pela Instrução Normativa RFB nº 2.043/2021, temos a pergunta e resposta correspondente à SCP, publicada no site do SPED, a seguir transcrita:

"1.29 - Como a Sociedade em Conta de Participação – SCP – deve entregar a declaração sem movimento ou prestar informações na EFD-Reinf?

A Sociedade em Conta de Participação – SCP – regulada pelos artigos 991 a 996 da Lei 10.406/2002 (Código Civil), não tem personalidade jurídica. Sendo assim, os eventos devem ser transmitidos pelo sócio ostensivo. A situação "Sem Movimento" para o contribuinte só ocorrerá quando não houver informação a ser enviada para o grupo de eventos periódicos R-2010 a R-2060 por toda a empresa (todos os estabelecimentos).

No caso, as informações referentes à SCP devem ser informadas, por estabelecimento, pela empresa ostensiva, e só caberá R-2099 "Sem Movimento" se não houver movimento em nenhum dos demais estabelecimentos da empresa".

5.10. INFORMAÇÕES IMPORTANTES SOBRE OBRIGAÇÕES ACESSÓRIAS – FONTES DE CONSULTA

O site da Receita Federal e do Sped são ricas fontes de pesquisa para auxiliar no preenchimento das obrigações acessórias e para esclarecimento de dúvidas. Com base nisso relacionamos abaixo a fontes de consulta:

Receita Federal	https://www.gov.br/receitafederal/pt-br	
Receita Federal – Perguntas e Respostas	https://www.gov.br/receitafederal/pt-br/acesso-a-informacao/perguntas-frequentes	
Sped	http://sped.rfb.gov.br/	
eSocial	https://www.gov.br/esocial/pt-br	

Assim, encerramos este capítulo após abordarmos de forma objetiva, as informações quanto às obrigações acessórias correspondentes à SCP.

Capítulo 6
Distribuição de Lucros – Sociedade em Conta de Participação (SCP)

6.1. INTRODUÇÃO

Lucros são rendimentos resultantes do capital investido na entidade, seja ela limitada, companhia aberta ou até mesmo Sociedade em Conta de Participações (SCP). O lucro é a principal motivação que faz um investidor aplicar seus recursos em um negócio, por isso, abordaremos neste Capítulo as regras de tributação e isenção dos lucros distribuídos pela SCP, o reconhecimento contábil dos lucros recebidos pelos investidores (sócios ocultos e ostensivos) e também o tratamento destes lucros na Declaração de Imposto Renda da Pessoa Física.

Antes de abordar a parte conceitual, é importante ressaltar que o tratamento de apuração, mensuração, reconhecimento e recebimentos dos lucros apurados e distribuídos pelas SCPs recebem os mesmos tratamentos das pessoas jurídicas em geral. Isso ocorre por causa dos artigos 160 e 161 do Decreto nº 9.580/2018. RIR que equipara a Sociedade em Conta de Participação a uma pessoa jurídica.

DECRETO Nº 9.580/2018

Art. 160. **As sociedades em conta de participação são equiparadas às pessoas jurídicas** *(Decreto-Lei nº 2.303, de 21 de novembro de 1986, art. 7º; e Decreto-Lei nº 2.308, de 19 de dezembro de 1986, art. 3º).*

Art. 161. **Na apuração dos resultados das sociedades em conta de participação, assim como na tributação dos lucros apurados e dos distribuídos, serão observadas as normas aplicáveis às pessoas jurídicas** *em geral e o disposto no art. 269 (Decreto-Lei nº 2.303, de 1986, art. 7º, parágrafo único).*

As regras para distribuição de lucros e dividendos compreendem três períodos que são:
- 1º de janeiro de 2008 a 31 de dezembro de 2013;
- 1º de janeiro de 2014 a 31 de dezembro de 2014;
- 1º de janeiro de 2015 em diante.

Nota
Cada período citado teve procedimentos e condições específicas para aplicação da isenção do Imposto de Renda.

6.2. LUCROS DISTRIBUÍDOS COM BASE NOS RESULTADOS APURADOS ENTRE 1º DE JANEIRO DE 2008 E 31 DE DEZEMBRO DE 2013

A Medida Provisória nº 627/2013 dispunha que o Fisco aceitaria a isenção do lucro apurado conforme a contabilidade societária, entretanto, para ter a referida isenção, a pessoa jurídica deveria optar pela aplicação dos procedimentos contidos na Medida Provisória nº 627/2013 que até então era opcional, conforme trataremos nos itens posteriores.

Com a publicação da Lei nº 12.973/2014, houve novas disposições acerca da isenção do Imposto de Renda sobre os lucros apurados nos períodos entre 2008 a 2013; disposições que estão contidas no art. 72 da Lei nº 12.973/2014:

*Os lucros ou dividendos calculados com base nos resultados apurados entre **1º de janeiro de 2008 e 31 de dezembro de 2013** pelas pessoas jurídicas tributadas com base no lucro real, presumido ou arbitrado, **não ficarão sujeitos à incidência do imposto de renda na fonte**, nem integrarão a base de cálculo do imposto de renda e da Contribuição Social sobre o Lucro Líquido do beneficiário, pessoa física ou jurídica, residente ou domiciliado no País ou no exterior.*

Em resumo, o Fisco aceita a isenção do lucro apurado conforme a contabilidade societária, para os períodos entre 2008 a 2013.

6.3. LUCROS APURADOS NO ANO-CALENDÁRIO DE 2014

Para os lucros apurados no período de 01.01.2014 a 31.12.2014 existiram dois parâmetros (contabilidade fiscal e contabilidade societária) a serem observados para aplicação da isenção do Imposto de Renda; além dos parâmetros citados, a entidade deveria se atentar aos procedimentos da Lei nº 12.973/2014.

A referida lei dispõe de duas bases para chegar aos valores dos lucros que serão isentos do Imposto de Renda. São eles:

1. contabilidade societária: contabilidade que segue os procedimentos internacionais de contabilidade (CPC e IFRS);
2. contabilidade fiscal: contabilidade que não aceita os lançamentos e procedimentos trazidos pela contabilidade internacional, ou seja, contabilidade conforme os critérios de apuração usados até 31.12.2007.

No ano-calendário de 2014, as entidades deveriam se manifestar sobre a opção para aplicação ou não dos procedimentos da Lei nº 12.973/2014 pela DCTF.

Nos tópicos abaixo, serão abordados os efeitos da tributação sobre os lucros conforme a opção ou não pela Lei nº 12.973/2014.

6.3.1. Optante pela Lei nº 12.973/2014

Em resumo, esta opção fez com que a Receita Federal accitasse as alterações trazidas pela convergência às Normas Internacionais de Contabilidade. Entretanto, os lançamentos e efeitos da contabilidade internacional deverão ser destacados em subcontas e anulados via adição e exclusão no Lalur ou controlados via relatório gerencial para empresas tributadas pelo lucro presumido.

À pessoa jurídica que optar pelas disposições contidas nos artigos 1º, 2º e 4º a 70 da **Lei nº 12.973/2014** para o ano-calendário de 2014, os lucros e dividendos (apurados com base no ano-calendário de 2014) serão isentos do Imposto de Renda e não integram a base de cálculo do IRPJ e da CSL.

6.3.2. Não optante pela Lei nº 12.973/2014

Caso a pessoa jurídica **não faça a opção pela Lei nº 12.973/2014** para o ano-calendário de 2014, os lucros ou dividendos calculados com base no ano-calendário de 2014 não serão tributados do IRPJ e CSL da pessoa jurídica beneficiária, e também não terá a incidência do IRRF para beneficiário pessoa física, desde que estes lucros ou dividendos estejam calculados conforme os critérios **de contábeis vigentes em 31.12.2007**, ou seja, sem os efeitos dos procedimentos trazidos pelas normas internacionais de contabilidade.

6.4. LUCROS DISTRIBUÍDOS PELAS SCP COM BASE NOS RESULTADOS APURADOS A PARTIR DE 1º DE JANEIRO DE 2015

Todas as pessoas jurídicas, inclusive as SCP deverão aplicar os procedimentos da Lei nº 12.973/2014 para os lucros apurados a partir de 2015, **e por isso, o Fisco aceita a aplicação da isenção do Imposto de Renda sobre o lucro originado da contabilidade societária** em contrapartida, as pessoas jurídicas e a Sociedade em Conta de Participação (SCP) deverão discriminar os lançamentos contábeis originados da contabilidade internacional por subcontas, adicionar, excluir e controlar os efeitos da contabilidade internacional pelo Livro de Apuração do Lucro Real (Lalur e Lacs).

6.5. CÁLCULO DOS LUCROS DAS SCP TRIBUTADAS PELO LUCRO PRESUMIDO

Para que os lucros ou dividendos distribuídos pelas SCP tributadas com base no lucro presumido sejam isentas do Imposto de Renda, existem duas formas de cálculo, que são:

1. distribuição com base na presunção;
2. distribuição com base no lucro apurado pela contabilidade.

6.5.1. Distribuição com base na presunção

Este método consiste em considerar o valor da base de cálculo do Imposto de Renda e subtrair todos os impostos e contribuições (IRPJ, CSLL, PIS e Cofins) a que estiver sujeita a Sociedade em Conta de Participação.

Exemplo:

CÁLCULO PARA DISTRIBUIÇÃO DE LUCROS	1º Trimestre	2º Trimestre	3º Trimestre	4º Trimestre	TOTAL
BASE DE CÁLCULO DO IR	R$ 3.520,00	R$ 4.480,00	R$ 6.080,00	R$ 24.640,00	R$ 38.720,00
(-) IR + CSL	-R$ 1.161,60	-R$ 1.478,40	-R$ 2.006,40	-R$ 4.646,40	-R$ 9.292,80
(-) PIS + COFINS	-R$ 803,00	-R$ 1.022,00	-R$ 1.387,00	-R$ 1.204,50	-R$ 4.416,50
(=) LUCRO A DISTRIBUIR	R$ 1.555,40	R$ 1.979,60	R$ 2.686,60	R$ 18.789,10	R$ 25.010,70

Conforme o cenário apresentado, a SCP tributada com base no lucro presumido poderá distribuir lucros isentos do Imposto de Renda até o valor de R$ 25.010,70.

6.5.2. Distribuição com base no lucro apurado pela contabilidade

Como regra geral, aplica-se o método de presunção, conforme exposto no item anterior, entretanto, se a SCP possuir contabilidade que justifique distribuir o lucro maior do que a presunção, este será isento do Imposto de Renda.

Exemplo:

A empresa Lucro Presumido Ltda. fechou o resultado com o seguinte cenário:

Demonstração do Resultado do Exercício	
Receita Bruta de Vendas	**R$ 150.000,00**
Receita de Serviços	R$ 150.000,00
(-) Devoluções, Deduções e Impostos	**-R$ 24.416,50**
(-) ISS sobre serviços	- R$ 20.000,00
(-) PIS e Cofins	- R$ 4.416,50
Receita Líquida de Vendas	**R$ 125.583,50**
Custos de Serviços prestados	-R$ 50.000,00
Lucro Bruto	**R$ 75.583,50**
(-) Deduções e Acréscimos	-R$ 20.000,00
Lucro antes do IRPJ e CSLL	**R$ 55.583,50**
(-) Provisão IRPJ	-R$ 5.808,00
(-) Provisão CSLL	-R$ 3.484,80
Lucro Líquido	**R$ 46.290,70**

Observa-se que o lucro apurado pela contabilidade é superior ao cálculo da presunção. Diante disso, a SCP **poderá distribuir o total do lucro apurado pela contabilidade (R$ 46.290,70)** e não tributar conforme as disposições contidas no artigo 238 da Instrução Normativa nº 1.700/2017.

Lucro Líquido com base na Contabilidade	R$ 46.290,70
Distribuição com base na Presunção	R$ 25.010,70
Excedente	R$ 21.280,00

Capítulo 6 Distribuição de Lucros – Sociedade em Conta de Participação (SCP)

Instrução Normativa RFB nº 1.700/2017

DOS LUCROS E DIVIDENDOS DISTRIBUÍDOS

Art. 238. Não estão sujeitos ao imposto sobre a renda os lucros e dividendos pagos ou creditados a sócios, acionistas ou titular de empresa individual, observado o disposto no Capítulo III da Instrução Normativa RFB nº 1.397, de 16 de setembro de 2013.

> § 1º O disposto neste artigo abrange inclusive os lucros e dividendos atribuídos a sócios ou acionistas residentes ou domiciliados no exterior.
>
> § 2º **No caso de pessoa jurídica tributada com base no lucro presumido ou arbitrado,** poderão ser pagos ou creditados sem incidência do IRRF:

I – o valor da base de cálculo do imposto, diminuído do IRPJ, da CSLL, da Contribuição para o PIS/Pasep e da Cofins a que estiver sujeita a pessoa jurídica;

II – a parcela de lucros ou dividendos excedentes ao valor determinado no inciso I, desde que a empresa demonstre, com base em escrituração contábil feita com observância da lei comercial, que o lucro efetivo é maior que o determinado segundo as normas para apuração da base de cálculo do imposto pela qual houver optado.

> § 3º A parcela dos rendimentos pagos ou creditados a sócio ou acionista ou ao titular da pessoa jurídica submetida ao regime de tributação com base no lucro real, presumido ou arbitrado, a título de lucros ou dividendos distribuídos, ainda que por conta de período-base não encerrado, que exceder o valor apurado com base na escrituração, será imputada aos lucros acumulados ou reservas de lucros de exercícios anteriores, ficando sujeita a incidência do imposto sobre a renda calculado segundo o disposto na legislação específica, com acréscimos legais.
>
> § 4º Inexistindo lucros acumulados ou reservas de lucros em montante suficiente, a parcela excedente será submetida à tributação nos termos do art. 61 da Lei nº 8.981 de 1995.
>
> § 5º A isenção de que trata o caput não abrange os valores pagos a outro título, tais como pró-labore, aluguéis e serviços prestados.

§ 6º A isenção de que trata este artigo somente se aplica em relação aos lucros e dividendos distribuídos por conta de lucros apurados no encerramento de período-base ocorrido a partir do mês de janeiro de 1996.

§ 7º O disposto no § 3º não abrange a distribuição do lucro presumido ou arbitrado conforme previsto no inciso I do § 2º, após o encerramento do trimestre correspondente.

§ 8º Ressalvado o disposto no inciso I do § 2º a distribuição de rendimentos a título de lucros ou dividendos que não tenham sido apurados em balanço sujeita-se à incidência do imposto sobre a renda na forma prevista no § 4º.

§ 9º A isenção de que trata este artigo inclui os lucros ou dividendos pagos ou creditados a beneficiários de todas as espécies de ações previstas no art. 15 da Lei nº 6.404, de 1976, ainda que a ação seja classificada em conta de passivo ou que a remuneração seja classificada como despesa financeira na escrituração comercial.

§ 10º Não são dedutíveis na apuração do lucro real e do resultado ajustado os lucros ou dividendos pagos ou creditados a beneficiários de qualquer espécie de ação prevista no art. 15 da Lei nº 6.404 de 1976 ainda que classificados como despesa financeira na escrituração comercial.

6.6. TRATAMENTO DOS LUCROS RECEBIDOS PELA PESSOA FÍSICA

Conforme o artigo 10 da Lei nº 9.249/1995 e o artigo 8º da Instrução Normativa RFB nº 1.500/2014, os lucros ou dividendos calculados com base nos resultados apurados a partir de 01.01.1996, pagos ou creditados pelas pessoas jurídicas ou equiparadas à pessoa jurídica tributadas com base no lucro real, presumido ou arbitrado, não estão sujeitos à incidência do Imposto sobre a Renda na Fonte nem integram a base de cálculo do imposto do beneficiário.

Instrução Normativa RFB nº 1.500 de 29 de outubro de 2014
Dos Rendimentos de Participações Societárias

Capítulo 6 Distribuição de Lucros – Sociedade em Conta de Participação (SCP)

Art. 8º *São isentos ou não se sujeitam ao imposto sobre a renda, os seguintes rendimentos de participações societárias:*

I – lucros ou dividendos calculados com base nos resultados apurados em 1993 e os apurados a partir do mês de janeiro de 1996, pagos ou creditados pelas pessoas jurídicas tributadas com base no lucro real, presumido ou arbitrado;

II – valores efetivamente pagos ou distribuídos ao titular ou sócio da microempresa ou empresa de pequeno porte optante pelo Regime Especial Unificado de Arrecação de Tributos e Contribuições devidos pelas Microempresas e Empresas de Pequeno Porte (Simples Nacional), salvo os que corresponderem a pró-labore, aluguéis ou serviços prestados;

III – valores decorrentes de aumento de capital mediante a incorporação de reservas ou lucros apurados a partir de 1º de janeiro de 1996, por pessoas jurídicas tributadas com base no lucro real, presumido ou arbitrado;

IV – bonificações em ações, quotas ou quinhão de capital, decorrentes da capitalização de lucros ou reservas de lucros apurados nos anos-calendário de 1994 e 1995, desde que nos 5 (cinco) anos anteriores à data da incorporação a pessoa jurídica não tenha restituído capital aos sócios ou titular por meio de redução do capital social.

§ *1º A isenção de que trata o inciso I do caput não abrange os valores pagos a outro título, tais como pró-labore, aluguéis e serviços prestados, bem como os lucros e dividendos distribuídos que não tenham sido apurados em balanço.*

§ *2º A isenção prevista no inciso I do caput abrange inclusive os lucros e dividendos correspondentes a resultados apurados a partir de 1º de janeiro de 1996, atribuídos a sócios ou acionistas não residentes no Brasil.*

§ *3º A isenção de que trata o inciso II do caput fica limitada ao valor resultante da aplicação dos percentuais de que trata o art. 15 da Lei nº 9.249 26 de dezembro de 1995, sobre a receita bruta mensal, no caso de antecipação de fonte, ou da receita bruta total anual, tratando-se de declaração de ajuste, subtraído do valor devido na forma do Simples Nacional no período, relativo ao Imposto sobre a Renda da Pessoa Jurídica (IRPJ).*

> § 4º O disposto no § 3º não se aplica na hipótese de a pessoa jurídica manter escrituração contábil e evidenciar lucro superior ao limite previsto no referido parágrafo.
>
> § 5º Na hipótese de a pessoa jurídica não ter efetuado a opção prevista no art. 75 da Lei nº 12.973 de 13 de maio de 2014, a parcela dos rendimentos correspondentes a dividendos e lucros apurados no ano-calendário de 2014 e distribuídos a sócio ou acionista ou a titular de pessoa jurídica submetida ao regime de tributação com base no lucro real, presumido ou arbitrado em valores superiores aos apurados com observância dos métodos e critérios contábeis vigentes em 31 de dezembro de 2007, é tributada nos termos do § 4º do art. 3º da Lei nº 7.713 de 22 de dezembro de 1988, com base na tabela progressiva de que trata o art. 65.

> § 6º No caso a que se refere o inciso III do caput:
> I – o lucro a ser incorporado ao capital deverá ser apurado em balanço transcrito no livro Diário;
> II – devem ser observados os requisitos dispostos no art. 3º da Lei nº 8.849 de 28 de janeiro de 1994.
>
> Observadas as regras de obrigatoriedade da declaração de pessoa física, caso a mesma esteja obrigada, deverá informar estes lucros ou dividendos na ficha rendimentos isentos e não tributáveis, conforme a seguir:

6.7. TRATAMENTO CONTÁBIL DOS LUCROS APURADOS PELAS SCP

Conforme o item 10 do CPC 18, o lucro ou prejuízo gerado pela SCP deve ser reconhecido no resultado do sócio ostensivo e oculto no próprio exercício e sua contrapartida é o aumento da conta investimento SCP para situações de lucro ou diminuição para prejuízo.

Reconhecimento do resultado apurado pela SCP:

D – Apuração do Resultado do Exercício – ARE (resultado)

C – Lucros Acumulados (patrimônio líquido)

Deliberação do resultado apurado pela SCP para o sócio ostensivo e oculto:

D – Lucros Acumulados (patrimônio líquido)

C – Lucros a distribuir – Sócio oculto (passivo)

C – Lucros a distribuir – Sócios ostensivos (passivo)

Pagamento do resultado apurado pela SCP para o sócio ostensivo e oculto:

D – Lucros a distribuir – Sócio oculto (passivo)

D – Lucros a distribuir – Sócios ostensivos (passivo)

C – Banco (ativo)

Reconhecimento no resultado da investidora pessoa jurídica (sócio ostensivo/sócio oculto):

D – Investimento em SCP (ativo)

C – Receita de Equivalência Patrimonial – SCP (resultado)

Reconhecimento do direito em receber os lucros ou dividendos:

D – Lucros ou dividendos a receber de SCP (ativo)

C – investimento em SCP (ativo)

Reconhecimento do recebimento dos lucros ou dividendos

D – Banco (ativo)

C – Lucros ou dividendos a receber de SCP (ativo)

6.8. TRATAMENTO DOS LUCROS APURADOS PELAS SCP NA ECF

6.8.1 Remuneração de Sócios, Titulares, Dirigentes e Conselheiros

Vale destacar que a SCP deve informar os dados dos sócios, Titulares, Dirigentes e Conselheiros da SCP na ECF e o Registro que podemos destacar é o registro Y600.

SOCIEDADE EM CONTA DE PARTICIPAÇÃO

Deve ser preenchido neste registro os dados dos sócios, dirigentes e conselheiros ou dos titulares que tenham **recebido maiores remunerações no período da ECF**, inclusive os titulares, sócios, dirigentes e conselheiros que tenham se retirado da pessoa jurídica no período da ECF e não fazem parte do quadro societário na data final.

> Nota
>
> Devem ser informados os dados dos sócios, dirigentes e conselheiros, ainda que não tenham recebido quaisquer rendimentos no período (nesse caso, informar valor ZERO no campo de rendimentos).

DADOS DA ECF:

Detalhe das informações:

Registro Y600: Identificação e Remuneração de Sócios, Titulares, Dirigentes e Conselheiros

Data da Alteração no Quadro Societário. (Pode ser uma data anterior ao ano da escrituração, inclusive da criação da Pessoa Jurídica)

Observação: No caso de administradores, diretores, dirigentes, presidentes ou conselheiros, **adotar a data em que efetivamente começou a executar essas funções na entidade.**

Data da Saída do Quadro Societário: Deve ser preenchida somente se a saída do quadro societário ocorreu no ano da escrituração.

País de Residência ou Domicílio da Pessoa Física ou Jurídica (Código do País)

Indicador de Qualificação do Sócio, Titular, Dirigente ou Conselheiro:

PF – Pessoa Física

PJ – Pessoa Jurídica

FI – Fundo de Investimento

CPF ou CNPJ do Sócio, Titular, Dirigente ou Conselheiro.

Nome/Nome empresarial do Sócio, Titular, Dirigente ou Conselheiro.

Qualificação do Sócio, Titular, Dirigente ou Conselheiro.

01 – Acionista Pessoa Física Domiciliado no Brasil

02 – Sócio Pessoa Física Domiciliado no Brasil

03 – Acionista Pessoa Jurídica Domiciliado no Brasil

04 – Sócio Pessoa Jurídica Domiciliado no Brasil

05 – Acionista Pessoa Física Residente ou Domiciliado no Exterior

06 – Sócio Pessoa Física Residente ou Domiciliado no Exterior

07 – Acionista Pessoa Jurídica Residente ou Domiciliado no Exterior

08 – Sócio Pessoa Jurídica Residente ou Domiciliado no Exterior

09 – Titular

10 – Administrador sem Vínculo Empregatício

11 – Diretor sem Vínculo Empregatício

12 – Presidente sem Vínculo Empregatício

13 – Administrador com Vínculo Empregatício

14 – Conselheiro de Administração ou Fiscal

15 – Diretor com Vínculo Empregatício

16 – Fundador

17 – Presidente com Vínculo Empregatício

18 – Usufrutuário de Quotas ou Ações

Percentual Relativo à Participação da Pessoa Física ou Jurídica, Sócio, Titular, Conselheiro ou Dirigente, no Capital Total.

Percentual Relativo à Participação da Pessoa Física ou Jurídica, Sócio, Titular, Conselheiro ou Dirigente, no Capital Votante.

CPF do Representante Legal: No caso de residente ou domiciliado no exterior ou de pessoa física residente no Brasil legalmente representada.

Qualificação do Representante Legal:

01 – Procurador

02 – Curador

03 – Mãe

04 – Pai

05 – Tutor

06 – Outro

Remuneração do Trabalho: Valor dos rendimentos pagos e escriturados, nos livros da escrituração contábil ou no livro Caixa, a título de remuneração a sócios, dirigentes e conselheiros pela prestação de serviços, ou quaisquer outros pagamentos, tais como: pró-labore e aluguéis; inclusive os valores despendidos pelas entidades religiosas e instituições de ensino vocacional com ministro de confissão religiosa, membros de instituto de vida consagrada, de congregação ou de ordem religiosa em face do seu mister religioso ou para sua subsistência.

Lucros/Dividendos: Valor dos lucros e dividendos efetivamente pagos no ano-calendário a sócios ou a titular de empresa individual.

Juros Sobre o Capital Próprio: Valor dos juros pagos ou creditados a titular, ou a sócios ou acionistas, a título de remuneração do capital próprio, antes de deduzido o imposto de renda na fonte, em conformidade com o disposto no art. 9º da Lei nº 9.249, de 1995.

Demais Rendimentos: Valor, antes da dedução do imposto de renda retido na fonte, dos demais rendimentos pagos ou creditados a sócios, a acionistas, a titular de empresa individual, a dirigentes ou a conselheiros, inclusive os lucros e dividendos não apurados em balanço e distribuídos.

Informar, também, o valor dos rendimentos pagos a sócios ou a titular de empresa individual que ultrapassou a base de cálculo do imposto, deduzido somente do imposto de renda retido na fonte.

IR Retido na Fonte: Valor do imposto de renda retido na fonte por ocasião do pagamento de lucros ou dividendos não abrangidos pela isenção, e sobre os demais rendimentos pagos a sócios, a acionistas, a titular de empresa individual, a dirigentes ou a conselheiros.

6.8.2. Pagamentos ou Remessas a Título de Lucros ou Dividendos a Beneficiários do Brasil e do Exterior – ECF

Este registro dever ser preenchido somente para as SCPs que, durante o ano-calendário, **realizaram pagamentos**/remessas a **pessoas físicas** ou **jurídicas**, residentes ou domiciliadas no Brasil ou no exterior de valores relativos a:

- Serviços de assistência técnica, científica, administrativa e semelhantes que impliquem transferência de tecnologia;

Capítulo 6 Distribuição de Lucros – Sociedade em Conta de Participação (SCP)

- Serviços técnicos e de assistência que não impliquem transferência de tecnologia, prestados no Brasil ou no exterior;
- Juros sobre capital próprio, bem como juros decorrentes de contratos de mútuo entre empresas ligadas e juros decorrentes de contratos de financiamento;
- Dividendos decorrentes de participações em outras empresas. A pessoa jurídica deverá informar os valores consolidados por país, conforme registrado na sua apuração contábil.

Dados da ECF:
Detalhe das informações:

REGISTRO X450: PAGAMENTOS OU REMESSAS A TÍTULO DE SERVIÇOS, JUROS E DIVIDENDOS A BENEFICIÁRIOS DO BRASIL E DO EXTERIOR
País: País ou a dependência de país de residência ou domicílio da pessoa física ou jurídica destinatária do pagamento ou da remessa efetuados pela pessoa jurídica declarante
Valor dos Serviços de Assistência Técnica, Científica, Administrativa e Assemelhados com Transferência de Tecnologia: Pagamentos ou as remessas efetuadas a título de serviços de assistência técnica, científica, administrativa e assemelhados referentes aos contratos que, em conformidade com a Lei nº 9.279, de 14 maio de 1996, estipulam as condições de obtenção de técnicas, métodos de planejamento e programação, bem como pesquisas, estudos e projetos destinados à execução ou prestação de serviços especializados e que tenham sido objeto de registro no Instituto Nacional de Propriedade Industrial (INPI).
Valor dos Serviços Técnicos e de Assistência sem Transferência de Tecnologia Prestados no Brasil: Rendimentos recebidos a título de serviços técnicos e de assistência, prestados no Brasil, referentes aos contratos dispensados de averbação no Instituto Nacional de Propriedade Industrial (INPI) por não constituírem transferência de tecnologia, tais como:
i) Agenciamento de compras, inclusive serviços de logística relativos ao embarque de mercadorias e liberação alfandegária e outros de natureza similar;
ii) Beneficiamento de produtos;
iii) Homologação e certificação de qualidade de produtos brasileiros com o objetivo de promover a exportação;
iv) Consultoria nas áreas comercial, financeira, jurídica, reorganização societária e licitações;

v) Estudos de viabilidade econômica;
vi) Serviços de marketing;
vii) Serviços realizados sem a presença de técnicos da empresa tomadora do serviço e que não gerem quaisquer relatórios ou documentos;
viii) Serviços de manutenção de software realizados sem a presença dos técnicos da empresa tomadora no local da prestação, tais como os efetuados por meio de *help desk*.
As pessoas jurídicas que exercem atividades no mercado financeiro, também, devem informar, neste campo, os rendimentos recebidos pelos seguintes serviços:
i) Administração de fundos, loterias, sociedades de investimento, dentre outros de natureza similar;
ii) Taxas de administração de consórcios e similares;
iii) Tarifas e portes e comissões por prestação de serviços de cobrança, colocação de títulos e valores mobiliários por conta e ordem de terceiros;
iv) Serviços prestados na contratação de operações de câmbio, comissão *del credere* relativa à administração de ativos redescontados junto ao Bacen;
v) Serviços prestados na intermediação de bolsas, custódia, bem como serviços prestados a partes ligadas;
vi) Portes e comissões decorrentes de serviços de ordem de pagamento, crédito e outras transferências de fundos;
vii) Outros serviços de natureza similar aos descritos acima.
Atenção:
1) Serviço prestado no Brasil é aquele em que o prestador do serviço se fez presente dentro do território brasileiro para executar a prestação do serviço.
2) Não informar neste campo o valor dos rendimentos correspondentes a direitos autorais relativos a contratos que envolvam o licenciamento ou a cessão de softwares para reprodução, distribuição e comercialização ou para uso próprio do adquirente, sob a modalidade de cópia única. O valor referente a essas transações deve ser informado no campo "Exploração Econômica dos Direitos Patrimoniais do Autor relativos a Software" do Registro X420 – "Royalties Recebidos ou Pagos do Brasil e do Exterior".

Capítulo 6 Distribuição de Lucros – Sociedade em Conta de Participação (SCP)

Valor dos Serviços Técnicos e de Assistência sem Transferência de Tecnologia Prestados no Exterior: Rendimentos recebidos a título de serviços técnicos e de assistência, prestados no Brasil, referentes aos contratos dispensados de averbação no Instituto Nacional de Propriedade Industrial (INPI) por não constituírem transferência de tecnologia, tais como:

I) Agenciamento de compras, inclusive serviços de logística relativos ao embarque de mercadorias e liberação alfandegária e outros de natureza similar;

II) Beneficiamento de produtos;

III) Homologação e certificação de qualidade de produtos brasileiros com o objetivo de promover a exportação;

IV) Consultoria nas áreas comercial, financeira, jurídica, reorganização societária e licitações;

V) Estudos de viabilidade econômica;

VI) Serviços de marketing;

VII) Serviços realizados sem a presença de técnicos da empresa tomadora do serviço e que não gerem quaisquer relatórios ou documentos;

viii) Serviços de manutenção de software realizados sem a presença dos técnicos da empresa tomadora no local da prestação, tais como os efetuados por meio de *help desk*.

As pessoas jurídicas que exercem atividades no mercado financeiro, também, devem informar, neste campo, os rendimentos recebidos pelos seguintes serviços:

I) Administração de fundos, loterias, sociedades de investimento, dentre outros de natureza similar;

II) Taxas de administração de consórcios e similares;

III) Tarifas e portes e comissões por prestação de serviços de cobrança, colocação de títulos e valores mobiliários por conta e ordem de terceiros;

IV) Serviços prestados na contratação de operações de câmbio, comissão *del credere* relativa à administração de ativos redescontados junto ao Bacen;

V) Serviços prestados na intermediação de bolsas, custódia, bem como serviços prestados a partes ligadas;

VI) Portes e comissões decorrentes de serviços de ordem de pagamento, crédito e outras transferências de fundos;

VII) Outros serviços de natureza similar aos descritos acima.

Atenção:

1) Serviço prestado no Brasil é aquele em que o prestador do serviço se fez presente dentro do território brasileiro para executar a prestação do serviço.

2) Não informar neste campo o valor dos rendimentos correspondentes a direitos autorais relativos a contratos que envolvam o licenciamento ou a cessão de softwares para reprodução, distribuição e comercialização ou para uso próprio do adquirente, sob a modalidade de cópia única. O valor referente a essas transações deve ser informado no campo "Exploração Econômica dos Direitos Patrimoniais do Autor relativos a Software" do Registro X420 – "Royalties Recebidos ou Pagos do Brasil e do Exterior".

Valor dos Juros sobre o Capital Próprio Pagos a Pessoa Física: Valor pago ou remetido à pessoa física residente ou domiciliada no Brasil ou no exterior a título de remuneração dos recursos investidos na pessoa jurídica declarante, de que trata o art. 9º da Lei nº 9.249, de 26 de dezembro de 1995.
Atenção:
1) Não informar neste campo o valor correspondente aos juros pagos ou remetidos durante o período que anteceder o início das operações sociais ou de implantação do empreendimento inicial de que trata a alínea "b" do parágrafo 1º do art. 15 do Decreto-Lei nº 1.598, de 26 de dezembro de 2012.

2) As cooperativas não devem informar neste campo o valor relativo aos juros pagos aos associados correspondente à remuneração de até 12% sobre o capital integralizado de que trata o parágrafo único do art. 49 da Lei nº 4.506, de 30 de novembro de 1964, c/c parágrafo 3º do art. 24 da Lei nº 5.764, de 16 de dezembro de 1971, e o art. 357 do Decreto nº 9.580/2018.

Valor dos Juros sobre o Capital Próprio Pagos a Pessoa Jurídica: Valor pago ou remetido pela pessoa jurídica a outra pessoa jurídica domiciliada no Brasil ou no exterior a título de remuneração dos recursos investidos na pessoa jurídica declarante, de que trata o art. 9º da Lei nº 9.249, de 26 de dezembro de 1995.

> **Valor dos Demais Juros:** Valor pago ou remetido a título de juros decorrentes da remuneração de empréstimos tomados pela pessoa jurídica no Brasil ou no exterior por meio de contratos de financiamento e de mútuo registrados ou não no Banco Central do Brasil. Também deve ser informado neste campo o valor correspondente aos:
>
> **juros pagos ou remetidos** durante o período que anteceder o início das operações sociais ou de implantação do empreendimento inicial de que trata a alínea "b" do parágrafo 1º do art. 15 do Decreto-Lei nº 1.598, de 26 de dezembro de 2012;
>
> **juros pagos ou remetidos por cooperativa à pessoa jurídica** associada correspondentes à remuneração de até 12% sobre o capital integralizado, de que trata o parágrafo único do art. 49 da Lei nº 4.506, de 30 de novembro de 1964, c/c parágrafo 3º do art. 24 da Lei nº 5.764, de 16 de dezembro de 1971, e o art. 357 do Decreto nº 9.580/2018;
>
> **juros pagos ou remetidos** correspondentes a quaisquer transações realizadas pela pessoa jurídica.
>
> Atenção: O valor de juros pago ou remetido em decorrência da Resolução Bacen nº 3.844, de 23 de março de 2010, também deve ser informado neste campo, exceto se referir-se ao pagamento ou remessa de juros de capital próprio de que trata o art. 9º da Lei nº 9.249 de 1995.

> **Dividendos Pagos a Pessoa Física:** Valor dos lucros ou dividendos pagos ou remetidos pela pessoa jurídica à pessoa física residente ou domiciliada no Brasil ou no exterior em decorrência de participação societária avaliada pelo método da equivalência patrimonial ou pelo custo de aquisição.

> **Dividendos Pagos a Pessoa Jurídica:** Valor dos lucros ou dividendos pagos ou remetidos pela pessoa jurídica a outra pessoa jurídica domiciliada no Brasil ou no exterior em decorrência de participação societária avaliada pelo método da equivalência patrimonial ou pelo custo de aquisição.

6.9. RENDIMENTOS RELATIVOS A DIVIDENDOS E LUCROS RECEBIDOS DO BRASIL – ECF

Este registro será habilitado somente para as pessoas jurídicas que durante o ano-calendário obtiveram rendimentos relativos:

- Serviços de assistência técnica,
- científica, administrativa e semelhantes que impliquem transferência de tecnologia;

- Serviços técnicos e de assistência que não impliquem transferência de tecnologia, prestados no Brasil ou no exterior à pessoa jurídica declarante;
- Juros sobre capital próprio, bem como juros decorrentes de contratos de mútuo entre empresas ligadas e juros decorrentes de contratos de financiamento;
- **Dividendos decorrentes de participações em outras empresas.** A pessoa jurídica deverá informar os valores consolidados por país, conforme registrado na sua apuração contábil.
- Registro X430: Rendimentos Relativos a Serviços, Juros e **Dividendos Recebidos do Brasil** e do Exterior:

Dados da ECF:

Detalhe das informações:

REGISTRO X430: RENDIMENTOS RELATIVOS A SERVIÇOS, JUROS E DIVIDENDOS RECEBIDOS DO BRASIL E DO EXTERIOR
País: País ou a dependência de país de residência ou de domicílio da pessoa física ou jurídica que efetuou o pagamento ou a remessa dos valores recebidos pela pessoa jurídica declarante
Valor dos Serviços de Assistência Técnica, Científica, Administrativa e Assemelhados com Transferência de Tecnologia: Rendimentos recebidos a título de serviços de assistência técnica, científica, administrativa e assemelhados referentes aos contratos que, em conformidade com a Lei nº 9.279, de 14 de maio de 1996, estipulam as condições de obtenção de técnicas, métodos de planejamento e programação, bem como pesquisas, estudos e projetos destinados à execução ou à prestação de serviços especializados e que tenham sido objeto de registro no Instituto Nacional de Propriedade Industrial (INPI).
Valor dos Serviços Técnicos e de Assistência sem Transferência de Tecnologia Prestados no Brasil: Rendimentos recebidos a título de serviços técnicos e de assistência, prestados no Brasil, referentes aos contratos dispensados de averbação no Instituto Nacional de Propriedade Industrial (INPI) por não constituírem transferência de tecnologia, tais como:

Capítulo 6 Distribuição de Lucros – Sociedade em Conta de Participação (SCP)

I) Agenciamento de compras, inclusive serviços de logística relativos ao embarque de mercadorias e liberação alfandegária e outros de natureza similar;

II) Beneficiamento de produtos;

III) Homologação e certificação de qualidade de produtos brasileiros com o objetivo de promover a exportação;

IV) Consultoria nas áreas comercial, financeira, jurídica, reorganização societária e licitações;

V) Estudos de viabilidade econômica;

VI) Serviços de marketing;

VII) Serviços realizados sem a presença de técnicos da empresa tomadora do serviço e que não gerem quaisquer relatórios ou documentos;

VIII) Serviços de manutenção de software realizados sem a presença dos técnicos da empresa tomadora no local da prestação, tais como os efetuados por meio de *help desk*.

As pessoas jurídicas que exercem atividades no mercado financeiro, também, devem informar, neste campo, os rendimentos recebidos pelos seguintes serviços:

I) Administração de fundos, loterias, sociedades de investimento, dentre outros de natureza similar;

II) Taxas de administração de consórcios e similares;

III) Tarifas e portes e comissões por prestação de serviços de cobrança, colocação de títulos e valores mobiliários por conta e ordem de terceiros;

IV) Serviços prestados na contratação de operações de câmbio, comissão del credere relativa à administração de ativos redescontados junto ao Bacen;

V) Serviços prestados na intermediação de bolsas, custódia, bem como serviços prestados a partes ligadas;

VI) Portes e comissões decorrentes de serviços de ordem de pagamento, crédito e outras transferências de fundos;

VII) Outros serviços de natureza similar aos descritos acima.

Atenção:

1) Serviço prestado no Brasil é aquele em que o prestador do serviço se fez presente dentro do território brasileiro para executar a prestação do serviço.

2) Não informar neste campo o valor dos rendimentos correspondentes a direitos autorais relativos a contratos que envolvam o licenciamento ou a cessão de softwares para reprodução, distribuição e comercialização ou para uso próprio do adquirente, sob a modalidade de cópia única. O valor referente a essas transações deve ser informado no campo "Exploração Econômica dos Direitos Patrimoniais do Autor relativos a Software" do Registro X420 – "Royalties Recebidos ou Pagos do Brasil e do Exterior".

Valor dos Serviços Técnicos e de Assistência sem Transferência de Tecnologia Prestados no Exterior: Rendimentos recebidos a título de serviços técnicos e de assistência, prestados no Brasil, referentes aos contratos dispensados de averbação no Instituto Nacional de Propriedade Industrial (INPI) por não constituírem transferência de tecnologia, tais como:

I) Agenciamento de compras, inclusive serviços de logística relativos ao embarque de mercadorias e liberação alfandegária e outros de natureza similar;

II) Beneficiamento de produtos;

III) Homologação e certificação de qualidade de produtos brasileiros com o objetivo de promover a exportação;

IV) Consultoria nas áreas comercial, financeira, jurídica, reorganização societária e licitações;

V) Estudos de viabilidade econômica;

VI) Serviços de marketing;

VII) Serviços realizados sem a presença de técnicos da empresa tomadora do serviço e que não gerem quaisquer relatórios ou documentos;

VIII) Serviços de manutenção de software realizados sem a presença dos técnicos da empresa tomadora no local da prestação, tais como os efetuados por meio de help desk.

As pessoas jurídicas que exercem atividades no mercado financeiro, também, devem informar, neste campo, os rendimentos recebidos pelos seguintes serviços:

Capítulo 6 Distribuição de Lucros – Sociedade em Conta de Participação (SCP)

> I) Administração de fundos, loterias, sociedades de investimento, dentre outros de natureza similar;
>
> II) Taxas de administração de consórcios e similares;
>
> III) Tarifas e portes e comissões por prestação de serviços de cobrança, colocação de títulos e valores mobiliários por conta e ordem de terceiros;
>
> IV) Serviços prestados na contratação de operações de câmbio, comissão *del credere* relativa à administração de ativos redescontados junto ao Bacen;
>
> V) Serviços prestados na intermediação de bolsas, custódia, bem como serviços prestados a partes ligadas;
>
> VI) Portes e comissões decorrentes de serviços de ordem de pagamento, crédito e outras transferências de fundos;
>
> VII) Outros serviços de natureza similar aos descritos acima.

Atenção:

> 1) Serviço prestado no Brasil é aquele em que o prestador do serviço se fez presente dentro do território brasileiro para executar a prestação do serviço.
>
> 2) Não informar neste campo o valor dos rendimentos correspondentes a direitos autorais relativos a contratos que envolvam o licenciamento ou a cessão de softwares para reprodução, distribuição e comercialização ou para uso próprio do adquirente, sob a modalidade de cópia única. O valor referente a essas transações deve ser informado no campo "Exploração Econômica dos Direitos Patrimoniais do Autor relativos a Software" do Registro X420 – "Royalties Recebidos ou Pagos do Brasil e do Exterior".

Valor dos Juros sobre o Capital Próprio: Valor recebido a título de remuneração dos recursos investidos pela pessoa jurídica em outra pessoa jurídica domiciliada no Brasil, de que trata o art. 9º da Lei nº 9.249, de 26 de dezembro de 1995.

Informar, também, neste campo o valor recebido a título de juros sobre o capital próprio correspondente à participação da pessoa jurídica em empresas residentes ou domiciliadas no exterior.

Atenção:

1) Não informar neste campo o valor correspondente aos juros recebidos durante o período que anteceder o início das operações sociais ou de implantação do empreendimento inicial de que trata a alínea "b" do parágrafo 1º do art. 15 do Decreto-Lei nº 1.598, de 26 de dezembro de 2012.

2) Não informar neste campo o valor relativo aos juros recebidos de cooperativa da qual a pessoa jurídica seja associada correspondentes à remuneração de até 12% sobre o capital integralizado, de que trata o parágrafo único do art. 49 da Lei nº 4.506, de 30 de novembro de 1964, c/c parágrafo 3º do art. 24 da Lei nº 5.764, de 16 de dezembro de 1971, e o 357 do Decreto nº 9.580/2018.

Valor dos Demais Juros: Valor recebido a título de juros decorrentes da remuneração de recursos emprestados pela pessoa jurídica a outras pessoas físicas ou jurídicas, residentes ou domiciliadas no Brasil ou no exterior por meio de contratos de financiamento ou de mútuo registrados ou não no Banco Central do Brasil. Também deve ser informado neste campo o valor correspondente aos:

juros recebidos durante o período que anteceder o início das operações sociais ou de implantação do empreendimento inicial de que trata alínea "b" do parágrafo 1º do art. 15 do Decreto-Lei nº 1.598, de 26 de dezembro de 2012;

juros recebidos de cooperativa da qual a pessoa jurídica seja associada correspondentes à remuneração de até 12% sobre o capital integralizado, de que trata o parágrafo único do art. 49 da Lei nº 4.506, de 30 de novembro de 1964, c/c parágrafo 3º do art. 24 da Lei nº 5.764, de 16 de dezembro de 1971, e art. 357 do Decreto nº 9.580/2018;

- juros recebidos correspondentes a quaisquer transações realizadas pela pessoa jurídica.

Valor dos Dividendos: Lucros ou dividendos recebidos pela pessoa jurídica em decorrência de participação societária avaliada pelo método da equivalência patrimonial ou pelo custo de aquisição em outras sociedades no Brasil ou no exterior.

6.10. ASPECTOS LEGAIS E NORMATIVOS

- **Artigo 10 da Lei nº 9.249/1995**

*Art. 10. **Os lucros ou dividendos calculados com base nos resultados apurados a partir do mês de janeiro de 1996**, pagos ou creditados pelas pessoas jurídicas tributadas com base no lucro real, presumido ou arbitrado, **não ficarão sujeitos à incidência do imposto de renda na fonte**, nem integrarão a base de cálculo do imposto de renda do **beneficiário, pessoa física ou jurídica, domiciliado no País ou no exterior**.*

Parágrafo único. No caso de quotas ou ações distribuídas em decorrência de aumento de capital por incorporação de lucros apurados a partir do mês de janeiro de 1996, ou de reservas constituídas com esses lucros, o custo de aquisição será igual à parcela do lucro ou reserva capitalizado, que corresponder ao sócio ou acionista.

- **Artigos 72 a 74 da Lei nº 12.973/2014**

*Art. 72. **Os lucros ou dividendos calculados com base nos resultados apurados entre 1º de janeiro de 2008 e 31 de dezembro de 2013 pelas pessoas jurídicas tributadas com base no lucro real, presumido ou arbitrado, em valores superiores aos apurados com observância dos métodos e critérios contábeis vigentes em 31 de dezembro de 2007, não ficarão sujeitos à incidência do imposto de renda na fonte**, nem integrarão a base de cálculo do imposto de renda e da Contribuição Social sobre o Lucro Líquido do beneficiário, pessoa física ou jurídica, residente ou domiciliado no País ou no exterior.*

> *Art. 73. **Para os anos-calendário de 2008 a 2014**, para fins 10 cálculo do limite previsto no art. 9º da Lei nº 9.249, de 26 de dezembro de 1995, a pessoa jurídica poderá utilizar as contas do patrimônio líquido mensurado de acordo com as disposições da Lei nº 6.404, de 15 de dezembro de 1976.*
>
> *§ 1º **No cálculo da parcela a deduzir prevista no** caput, **não serão considerados os valores relativos a ajustes de avaliação patrimonial** a que se refere o § 3º do art. 182 da Lei nº 6.404, de 15 de dezembro de 1976.*

§ 2º No ano-calendário de 2014, a opção ficará restrita aos não optantes das disposições contidas nos arts. 1º e 2º e 4º a 70 desta Lei.

Art. 74. **Para os anos-calendário de 2008 a 2014**, *o contribuinte poderá avaliar o investimento pelo valor de patrimônio líquido da coligada ou controlada, determinado de acordo com as disposições da Lei nº 6.404, de 15 de dezembro de 1976.*

Parágrafo único. **No ano-calendário de 2014, a opção ficará restrita aos não optantes das disposições contidas nos arts. 1º e 2º e 4º a 70 desta Lei.**

- **Instrução Normativa RFB nº 1.397/2014**

Do lucro líquido para fins societários

Art. 20. **O lucro líquido para fins societários será apurado com a utilização dos métodos e critérios contábeis definidos pela Lei nº 6.404, de 1976**, *com a adoção:*

- *I – dos métodos e critérios contábeis introduzidos pela Lei nº 11.638, de 2007, e pela Lei nº 11.941, de 2009;*

- *II – das determinações constantes das normas expedidas pela Comissão de Valores Mobiliários, com base na competência conferida pelo § 3º do art. 177 da Lei nº 6.404, de 1976, no caso de companhias abertas e outras que optem pela sua observância; e*

- *III – das determinações constantes das normas expedidas pelos demais órgãos reguladores que visem alinhar a legislação específica com os* **padrões internacionais de contabilidade**, *no caso de pessoas jurídicas a eles subordinados.*

    § 1º **O lucro líquido para fins societários será obtido na escrituração contábil para fins societários.**

    § 2º **No caso de pessoa jurídica que tenha adotado a Escrituração Contábil Digital (ECD)**, *nos termos da Instrução Normativa RFB nº 787, de 19 de novembro de 2007, ou da Instrução Normativa RFB nº 1.420, de 19 de dezembro de 2013,* **a escrituração contábil para fins societários, referida no § 1º, será a própria ECD.** *(Redação dada pela Instrução Normativa RFB nº 1.492, de 17 de setembro de 2014)*

Do Lucro líquido do Período de Apuração

Art. 21. O **lucro líquido do período de apuração**, de que tratam o inciso III do art. 18 e o caput do art. 7º, será obtido:

I – **no FCONT de que tratam os arts.** 7º **e** 8º da Instrução Normativa RFB nº 949, de 16 de junho de 2009; ou

Parágrafo único. O FCONT será gerado a partir da escrituração contábil para fins societários, expurgando ou inserindo, conforme o caso, os lançamentos informados no Programa Validador e Assinador da Entrada de Dados para o Controle Fiscal Contábil de Transição de que trata a Instrução Normativa RFB nº 967, de 2009. (Redação dada pela Instrução Normativa RFB nº 1.492, de 17 de setembro de 2014)

- **Subseção IV**

Do ajuste específico do RTT

Art. 22. O ajuste específico do RTT **será a diferença entre o lucro líquido do período de apuração, referido no art. 21, e o lucro líquido do período para fins societários**, referido no art. 20.

§ 1º O ajuste específico ⋅o RTT reverterá o efeito ⋅a utilização ⋅e métodos e critérios contábeis diferentes daqueles da legislação tributária baseada nos métodos e critérios contábeis vigentes em 31 de dezembro de 2007.

§ 2º Para a realização ⋅o ajuste específico ⋅o RTT ⋅everá ser manti⋅o o controle ⋅efini⋅o nos arts. 3º e 6º.

- **Seção X**

Da aplicação do RTT ao lucro presumido

Art. 23. Para as pessoas jurídicas sujeitas ao RTT, **o lucro presumido deverá ser apurado de acordo com a legislação de regência do tributo, com utilização dos métodos e critérios contábeis a que se refere o art.** 2º, independentemente da forma de contabilização determinada pelas alterações da legislação societária decorrentes da Lei nº 11.638, de 2007, da Lei nº 11.941, de 2009, e da respectiva regulamentação.

Parágrafo único. **Na apuração da base de cálculo referida no caput, proceder-se-á aos seguintes ajustes:**

> I – exclusão de valores referentes à receita auferida cuja tributação poderá ser diferida para períodos subsequentes, em decorrência de **diferenças de métodos e critérios contábeis determinados pela legislação societária**, em relação àqueles aplicáveis à legislação tributária; e
>
> II – **adição de valores não incluídos na receita auferida cuja tributação fora diferida de períodos anteriores, em decorrência de diferenças de métodos e critérios contábeis determinados pela legislação societária**, em relação àqueles aplicáveis à legislação tributária.

Art. 24. Para fins do disposto no art. 23 o contribuinte deverá manter memória de cálculo que permita:

> I – identificar o valor da receita auferida em cada período; e
>
> II – controlar os montantes das respectivas exclusões e adições à base de cálculo, a que se refere o parágrafo único do art. 23.

(...)

Capítulo III

Dos lucros ou dividendos

Art. 26. Os lucros ou dividendos pagos ou creditados *pelas pessoas jurídicas tributadas com base no* **lucro real não integrarão a base de cálculo***:*

> I – o Imposto sobre a Renda e a CSLL da pessoa jurídica beneficiária; e
>
> II – o Imposto sobre a Renda a Pessoa Física beneficiária.
>
> *Parágrafo único. Os* **lucros ou dividendos a serem considerados para fins do tratamento previsto no caput são os obtidos com observância dos métodos e critérios contábeis vigentes em 31 de dezembro de 2007.**

Art. 27. *No caso de pessoa jurídica tributada com base no* **lucro presumido ou arbitrado, poderá ser distribuído, a título de lucros, sem incidência do Imposto sobre a Renda Retido na Fonte (IRRF):**

> I – o **valor da base de cálculo do imposto, diminuída de todos os impostos e contribuições a que estiver sujeita a pessoa jurídica**; e

Capítulo 6 Distribuição de Lucros – Sociedade em Conta de Participação (SCP)

*II – a parcela dos lucros ou dividendos excedente ao valor determinado no inciso I, desde que a empresa demonstre, por meio de **escrituração contábil fiscal** conforme art. 3º, que o lucro obtido com observância **dos métodos e critérios contábeis vigentes em 31 de dezembro de 2007** é maior que o determinado segundo as normas para apuração da base de cálculo do imposto pela qual houver optado, ou seja, o lucro presumido ou arbitrado.*

Art. 28. *A parcela excedente de lucros ou dividendos calculados com base nos resultados apurados entre 1º de janeiro de 2008 e 31 de dezembro de 2013* **não ficará sujeita à incidência do IRRF, nem integrará a base de cálculo do Imposto sobre a Renda e da CSLL do beneficiário, pessoa física ou jurídica, residente ou domiciliado no País ou no exterior.** *(Redação dada pela Instrução Normativa RFB nº 1.492, de 17 de setembro de 2014)*

Parágrafo único. **A parcela excedente de lucros ou dividendos calculados com base nos resultados apurados no ano de 2014 deverá:** *(Incluído pela Instrução Normativa RFB nº 1.492, de 17 de setembro de 2014)*

> *I –* **estar sujeita à incidência do IRRF calculado de acordo com a Tabela Progressiva Mensal e integrar a base de cálculo do Imposto sobre a Renda na Declaração de Ajuste Anual do ano-calendário do recebimento,** *no caso de* **beneficiário pessoa** *física residente no País; (Redação dada pela Instrução Normativa RFB nº 1.492, de 17 de setembro de 2014)*
>
> *II –* **ser computada** *na base de cálculo do Imposto sobre a Renda e da CSLL, para as pessoas jurídicas domiciliadas no País; (Redação dada pela Instrução Normativa RFB nº 1.492, de 17 de setembro de 2014)*
>
> *III – estar sujeita à incidência do IRRF calculado à alíquota de 15% (quinze por cento), no caso de beneficiário residente ou domiciliado no exterior; e (Redação dada pela Instrução Normativa RFB nº 1.492, de 17 de setembro de 2014)*
>
> *IV –* **estar sujeita à incidência do IRRF calculado à alíquota de 25% (vinte e cinco por cento), no caso de beneficiário residente ou domiciliado em país ou dependência com tributação favorecida** *a que se refere o art. 24 da Lei nº 9.430, de 27 de dezembro de 1996. (Reda-*

ção dada pela Instrução Normativa RFB nº 1.492, de 17 de setembro de 2014)

• **Instrução Normativa RFB nº 1.500 de 29 de outubro de 2014**
Dos rendimentos de participações societárias

Art. 8º *São isentos ou não se sujeitam ao imposto sobre a renda, os seguintes rendimentos de participações societárias:*

I – lucros ou dividendos calculados com base nos resultados apurados em 1993 e os apura•os a partir •o mês •e janeiro •e 1996, pagos ou creditados pelas pessoas jurídicas tributadas com base no lucro real, presumido ou arbitrado;

II – valores efetivamente pagos ou distribuídos ao titular ou sócio da microempresa ou empresa de pequeno porte optante pelo Regime Especial Unifica•o •e Arreca•ação •e Tributos e Contribuições •evi•os pelas Microempresas e Empresas de Pequeno Porte (Simples Nacional), salvo os que corresponderem a pró-labore, aluguéis ou serviços prestados;

III – valores decorrentes de aumento de capital mediante a incorporação de reservas ou lucros apurados a partir de 1º de janeiro de 1996, por pessoas jurídicas tributadas com base no lucro real, presumido ou arbitrado;

IV – bonificações em ações, quotas ou quinhão •e capital, •ecorrentes da capitalização de lucros ou reservas de lucros apurados nos anos-calendário de 1994 e 1995, desde que nos 5 (cinco) anos anteriores à data da incorporação a pessoa jurídica não tenha restituído capital aos sócios ou titular por meio de redução do capital social.

§ 1º A isenção de que trata o inciso I do caput não abrange os valores pagos a outro título, tais como pró-labore, aluguéis e serviços prestados, bem como os lucros e dividendos distribuídos que não tenham sido apurados em balanço.

§ 2º A isenção prevista no inciso I do caput abrange inclusive os lucros e dividendos correspondentes a resultados apurados a partir de 1º de janeiro de 1996, atribuídos a sócios ou acionistas não residentes no Brasil.

§ 3º A isenção de que trata o inciso II do caput fica limitada ao valor resultante da aplicação dos percentuais de que trata o art. 15 da Lei nº 9.249 de 26 de dezembro de 1995, sobre a receita bruta mensal, no caso de antecipação de fonte, ou da receita bruta total anual, tratando-se de declaração de ajuste, subtraído do valor devido na forma do Simples Nacional no período, relativo ao Imposto sobre a Renda da Pessoa Jurídica (IRPJ).

§ 4º O disposto no § 3º não se aplica na hipótese de a pessoa jurídica manter escrituração contábil e evidenciar lucro superior ao limite previsto no referido parágrafo.

§ 5º Na hipótese de a pessoa jurídica não ter efetuado a opção prevista no art. 75 da Lei nº 12.973 de 13 de maio de 2014, a parcela dos rendimentos correspondentes a dividendos e lucros apurados no ano-calendário de 2014 e distribuídos a sócio ou acionista ou a titular de pessoa jurídica submetida ao regime de tributação com base no lucro real, presumido ou arbitrado em valores superiores aos apurados com observância dos métodos e critérios contábeis vigentes em 31 de dezembro de 2007, é tributada nos termos do § 4º do art. 3º da Lei nº 7.713 de 22 de dezembro de 1988, com base na tabela progressiva de que trata o art. 65.

§ 6º No caso a que se refere o inciso III do caput:

I – o lucro a ser incorporado ao capital deverá ser apurado em balanço transcrito no livro Diário;

II – devem ser observados os requisitos dispostos no art. 3º da Lei nº 8.849 de 28 de janeiro de 1994.

Por todo o exposto, finalizamos este capítulo com as informações pertinentes à distribuição de lucros.

Capítulo 7
Reforma Tributária

O **Projeto de Lei nº 2.337/2021**, apresentado em 25/06/2021, pelo Poder Executivo, apresenta mudanças significativas em relação ao Imposto de Renda para pessoas físicas, empresas e investimentos financeiros. Trata-se da segunda fase da reforma tributária.

Dentre as diversas alterações propostas, que também trarão impacto para as Sociedade em Conta de Participação, temos menção específica, conforme transcrição abaixo:

"**Projeto de Lei nº 2.337/2021 – PL-REFORMA TRIBUTÁRIA**

> Altera a legislação do Imposto sobre a Renda e Proventos de Qualquer Natureza das Pessoas Físicas e das Pessoas Jurídicas e da Contribuição Social sobre o Lucro Líquido.

(...)

Seção IX
Do regime de apuração do Imposto sobre a Renda e Proventos de Qualquer Natureza das Pessoas Jurídicas das sociedades em conta de participação e do sócio ostensivo

Art. 20. As sociedades em conta de participação ficam obrigadas a adotar o mesmo regime de tributação do sócio ostensivo.

Parágrafo único. Na hipótese de a sociedade em conta de participação incorrer em uma das hipóteses de obrigatoriedade ao regime de tributação com base no lucro real estabelecidas na legislação tributária, o sócio ostensivo e todas as demais sociedades em conta de participação que este sócio detenha participação ficam obrigados a adotar o regime de tributação com base no lucro real".

Exposição de Motivos nº 00158/2021 ME

(...)

Regime de Apuração das Sociedades em Conta de Participação – SCP

14. A atual regulação tributária das operações das Sociedades em Conta de Participação – SCP e dos seus sócios tem permitido a redução ou eliminação do pagamento de tributos mediante a escolha da alocação de despesas e receitas direcionando-as de acordo com o regime de apuração da SCP ou do seu sócio ostensivo.

14.1. Com vista a eliminar essa distorção, propõe-se a introdução de dispositivo que obriga a adoção do mesmo regime de apuração adotado pelo sócio ostensivo pela SCP".

Acesse a íntegra do PL e acompanhe a sua tramitação:

Ou seja, é uma importante alteração em que há a determinação da unificação do regime tributário do sócio ostensivo e da SCP.

Pelo motivo da proposta de alteração, existe uma distorção com a atual possibilidade de a SCP ter uma forma de tributação diferente da sócia ostensiva.

Será que tal fato facilitaria o controle dessas sociedades pelos órgãos e/ou facilitaria um planejamento tributário?

Portanto, é interessante analisar os impactos da reforma tributária para essas sociedades e não apenas observando o PL em questão de forma isolada, mas tendo uma visão do todo (legislações vigentes, tributação sobre o valor agregado: PL 3.887/2020).

Capítulo 7 Reforma Tributária

A reforma tributária pode ser acompanhada pelo site do Ministério da Economia (https://www.gov.br/economia/pt-br/acesso-a-informacao/acoes-e-programas/reforma-tributaria).

Capítulo 8
Planejamento Tributário e Compliance

8.1. PLANEJAMENTO TRIBUTÁRIO

A Sociedade em Conta de Participação pode ser um importante instrumento de planejamento tributário, haja vista que propiciará as condições necessárias para evitar a tributação "em cascata", para os que exploram atividades em parceria, evitando-se a subcontratação.

A economia tributária se justifica na medida em que os sócios participantes fazem aportes de recursos em favor da SCP, desenvolvendo suas atividades em nome do sócio ostensivo, sobre o qual recairá a responsabilidade tributária para fins de cálculo e recolhimento do IRPJ, CSL, COFINS e PIS/PASEP da sociedade em análise.

Assim, o lucro apurado na SCP, será distribuído proporcionalmente à parcela do lucro pactuada entre os contratantes (sócio ostensivo e sócios participantes).

Importante lembrar que os lucros ou dividendos calculados com base nos resultados apurados desde janeiro/1996, pagos ou creditados pelas pessoas jurídicas tributadas com base no lucro real, lucro presumido ou lucro arbitrado, inclusive os lucros auferidos pelos sócios provenientes de sua participação na SCP, não estão sujeitos à incidência do IRRF nem integram a base de cálculo do imposto do beneficiário, pessoa física ou jurídica.

No caso de beneficiário pessoa jurídica, também não haverá a incidência da CSL, da contribuição para PIS Pasep e da Cofins sobre tais rendimentos.

Portanto, pode ser interessante criar uma Sociedade em Conta de Participação, contudo, deve ser observado o empreendimento e a forma de tributação.

8.2. PLANEJAMENTO ILÍCITO DAS SOCIEDADES EM CONTA DE PARTICIPAÇÃO

Para o planejamento tributário das Sociedades em Conta de Participação temos que nos atentar para aqueles que remetem à ilicitude.

Com tal intuito destacamos algumas ementas de Acórdãos do CARF sobre o assunto:

Acórdão 2802-003.065 (publicado em 22.08.2014)

SOCIEDADE EM CONTA DE PARTICIPAÇÃO. CONTRIBUIÇÃO VERTIDA PELO SÓCIO PARTICIPANTE. NA FORMA DE SERVIÇOS DIRETOS E PESSOAIS A TERCEIROS. INCOMPATIBILIDADE COM O INSTITUTO.

Não é compatível com a sistemática regente da Sociedade em Conta de Participação, estabelecida nos arts. 991 e seguintes do Código Civil, que a contribuição dos sócios participantes seja realizada na forma de serviços prestados diretamente e de forma pessoal a terceiros.

Acórdão 2302-003.339 (publicado em 20.08.2014)

TRANSFERÊNCIA DE ESTOQUE PARA INTEGRALIZAÇÃO DE CAPITAL SOCIAL. CONTRIBUIÇÃO PREVIDENCIÁRIA SOBRE COMERCIALIZAÇÃO DA PRODUÇÃO RURAL. ATIPICIDADE DA CONDUTA NO CASO VERTENTE.

A integralização de capital social mediante transferência de estoque, embora constitua alienação, não pode ser equiparada à comercialização de produção própria. *Quando o legislador, para responder a estratégias normativas, pretende adjudicar a algum velho termo, novo significado, diverso dos usuais, explicita-o mediante construção formal do seu conceito jurídico-normativo* (voto do Ministro Cezar Peluso por ocasião do julgamento do RE 346.084-6). Assim, se pretendesse o legislador dar amplitude maior ao termo "comercialização", teria utilizado a expressão "alienação" ou teria feito, expressamente, a equivalência daquela a esta. Ausente esta postura do legislador, deve-se tomar o termo em seu sentido vernacular. Se o comércio é "atividade que consiste em trocar, vender ou comprar produtos, mercadorias, valores etc., visando, num sistema de mercados, ao lucro" e comercializar é tornar algo "comerciável ou comercial" ou mesmo "fazer entrar no processo de distribuição comercial; pôr no fluxo do comércio" (dicionário eletrônico *Houaiss*), uma operação societária não lhe pode equivaler.

Se o objeto social da empresa é comercializar produção rural e não participar em sociedades, a integralização de ações em outra sociedade figura como meio para a realização do objeto social (ato societário) e não o próprio desenvolvimento do objeto social (empresa), razão pela qual a transferência de estoque figurou como um ato societário e não como a própria atividade empresarial. Nesse sentido, estabeleceu o STF que "a incorporação de bens ao capital social é um ato típico, não equiparável a ato de comércio" (Recurso Extraordinário nº 95.905, Relator Ministro Cordeiro Guerra, DJ de 01/10/82).

Acórdão 3302-002.675 (publicado em 25.08.2014)
TRANSFERÊNCIA DE ATIVOS E PASSIVOS MEDIANTE INTEGRALIZAÇÃO DE QUOTAS. CISÃO PARCIAL.

A integralização de quotas em empresa preexistente, mediante a versão de parcela do patrimônio, incluindo ativos e passivos, caracteriza a operação de cisão de que trata o artigo 229 e seu parágrafo terceiro da Lei nº 6.404, de 1976.

Dessa forma, neste capítulo procuramos identificar a tributação das Sociedades em Conta de Participação e responder à questão feita no início, ou seja, que este tipo de sociedade se sujeita à tributação como as demais pessoas jurídicas, por ser a elas equiparada nos termos da legislação do imposto de renda.

8.3. BACEN – ENTENDIMENTO – FORMAÇÃO E FUNCIONAMENTO DE GRUPOS PARA AQUISIÇÃO DE BENS

Neste tópico trazemos uma norma bastante interessante, publicada pelo Banco Central do Brasil sobre o entendimento do órgão sobre a formação e o funcionamento de grupos para aquisição de bens por meio de sociedades em contas de participação não tem respaldo legal.

A seguir, transcrevemos a referida norma:

"COMUNICADO Nº 009609

> Divulga entendimento de que a formação e o funcionamento de grupos para aquisição de bens por meio de sociedades em contas de participação não tem respaldo legal.

Em face da propaganda, constituição e funcionamento de grupos organizados por meio de sociedades em conta de participação e que visam a aquisição de bens, esclarecemos que tais práticas, levadas a cabo por sócio ostensivo de sociedade em conta de participação, sem prévia autorização nos termos dos arts. 7º e 8º da Lei 5.768, de 20 de dezembro de 1971, e 33 da Lei 8.177, de 1 de março de 1991, carecem de amparo legal.

2. Assim, informamos que as empresas que vêm arregimentando grupos para as operações acima configuradas deverão regularizar sua situação de imediato, segundo as seguintes alternativas:

> I – solicitar ao Banco Central do Brasil autorização para administrar grupos de consórcio, consoante o disposto na Circular 3.070, de 7 de dezembro de 2001;
>
> II – converter os grupos já formados para a modalidade de consórcio de imóveis, transferindo-os para administradoras de consórcio autorizadas pelo Banco Central do Brasil, ficando a

cargo do sócio ostensivo a responsabilidade pelos custos dessa conversão;

ou

III – dissolver os grupos já formados, garantindo-se os direitos dos atuais participantes aos valores já desembolsados, de modo a preservar o poder de compra dessas parcelas.

Brasília, 12 de junho de 2002.

Sérgio Darcy da Silva Alves

Diretor"

Para uma compreensão detalhada dessa norma, transcrevemos um artigo intitulado de "**UMA NOVA PRÁTICA ABUSIVA NO MERCADO DE CONSUMO**", elaborado por **Marco Antonio Zanellato,** Pro curador de Justiça / Coordenador do Centro de Apoio Operacional das Promotorias de Justiça do Consumidor do Ministério Público do Estado de São Paulo, Abril/2002 (atualizado em 09.10.2002):

"Nosso glorioso Código de Defesa do Consumidor vige há mais de uma década e, sem margem para dúvidas, representa, no alvorecer deste novo século – e milênio –, o que há de mais avançado na defesa dos direitos dos cidadãos. Dados concretos indicam que ele revolucionou o mercado de consumo, conferindo ao consumidor o instrumental de que necessitava para a defesa de seus direitos. Todavia, longo é o caminho a ser trilhado para se alcançar a efetividade que a sociedade espera dessa importante lei consumerista. Nessa vereda, muitos serão os obstáculos a serem transpostos, muitas serão as práticas abusivas a exigirem a sua aplicação firme e destemida, tal como ocorreu nesses últimos dez anos.

O que se tem observado é que, de quando em vez, a par das práticas abusivas já rotineiras no mercado de consumo – como cláusulas contratuais abusivas, publicidade enganosa, abusos na cobrança de dívidas de consumo, comercialização de produtos impróprios ao consumo etc. –, novas práticas comerciais surgem em franca violação dos direitos do consumidor. Merece menção, nos dias atuais, uma prática comercial abusiva que ressurge de forma avassaladora e multiplicadora. Está se falando da prática consistente na atividade de captação antecipada de poupança popular, mediante promessa de contraprestação em bens, principalmente imóveis, que se realiza irregularmente, sob a roupagem de sociedade em conta de participação. Mediante o instrumento contratual de sociedade em conta de participação, constitui-se uma sociedade entre uma empresa (sócio gerente e ostensivo) e o consumidor (sócio participante e oculto). A finalidade de tal sociedade é a formação de um fundo social que tem por objetivo a compra ou a construção de um imóvel; para alcançar a finalidade social, o consumidor interessado (sócio oculto) obriga-se a integralizar, mensalmente, um valor preestabelecido, equivalente a um percentual do fundo social, fundo este que nada mais é do que o capital a ser liberado pela empresa (sócio ostensivo) para o cumprimento do fim social. Na prestação mensal está embutido percentual que chega a 19% ou mais da prestação, a título de despesas de manutenção e pró-labore, por conta do gerenciamento do fundo social. É a remuneração da empresa pela gerência desse fundo, cuja liberação não tem data prevista, ficando condicionada ao caixa da administradora, isto é, à disponibilidade de recursos obtidos com o recebimento das prestações dos sócios participantes.

A chamada sociedade em conta de participação, regulada pelo Código Comercial (arts. 325 a 328), traduz-se no contrato mediante o qual duas ou mais pessoas se obrigam a explorar um ou mais estabelecimentos comerciais ou a praticar uma ou mais operações mercantis determinadas, em proveito comum, mas sob o nome e a responsabilidade individual daquele que praticar as operações ou gerir o estabelecimento. Como se depreende dessa conceituação doutrinária, a atividade de captação antecipada de poupança popular para futura aquisição de bens nada tem a ver com a finalidade de uma sociedade em conta de participação regularmente constituída. Em verdade, a sociedade em questão, na prática, é mero disfarce de que se valem algumas empresas para atuarem, de forma dissimulada, como administradoras de consórcio de bens móveis ou imóveis, fazendo-o, porém, à margem da lei – esta exige autorização do Banco Central –, com evidente risco de lesão ao patrimônio do consumidor.

É pacífico o entendimento, do Banco Central, de que a comprovação da prática de operações sujeitas às normas *consortis* – mesmo que de forma dissimulada –, por pessoas físicas ou jurídicas não autorizadas a funcionar por referido órgão, nos moldes preconizados pelo artigo 33, e seu respectivo parágrafo, da Lei nº 8.177/91 sujeita os responsáveis às sanções previstas na Lei nº 5.768/71 com a nova redação dada pela Lei 7.691/88. A promessa de venda de bens a varejo mediante oferta pública e com recebimento antecipado, parcial ou total, do respectivo preço, configura atividade abarcada pela norma do artigo 7º, inciso II, da precitada Lei nº 5.768/71. Cumpre observar que já há precedente de autuação (auto de infração lavrado em 01.02.2001), pelo Banco Central, de empresa que vinha exercendo atividade própria de administradora de consórcios, sem a sua prévia e indispensável autorização, sob o manto da sociedade em conta de participação. O Banco Central do Brasil, em 12.06.2002, editou o Comunicado nº 9.609, no qual deixa claro a proibição da atividade irregular em questão.

De outra parte, há várias ações civil públicas propostas pelo Ministério Público do Estado de São Paulo em face dessas sociedades em conta de participação, nas quais foram concedidas medidas liminares suspendendo suas atividades. Urge, assim, que se continue desenvolvendo intenso trabalho de combate à prática abusiva ora em comento, nos âmbitos civil (ação civil pública visando à cessação das atividades dessas empresas), administrativo (aplicação de sanções administrativas pelo Banco Central) e criminal (processo por crime contra o sistema financeiro ou estelionato), a fim de que seja ela erradicada do mercado de consumo".

Assim, vale a pena considerar os detalhes dessa norma e o tratamento atual, para não causar nenhum prejuízo à sociedade, bem como a terceiros que com ela faça negócios.

8.4. COMPLIANCE

O *compliance* é uma realidade que veio para ficar e a criação de departamentos de *compliance* nas empresas passou a ser necessário para que mantenham o bom andamento das operações.

Mas, o que é o *compliance*?

O *compliance* é o cumprimento das disposições trazidas pela legislação tributária, jurídica, societária e outras relacionadas ao tipo de empresa.

A sua importância está na análise, realização de procedimentos e cumprimento de prazos, para que as empresas operem com base nas orientações trazidas pela legislação em vigor.

Analisando o aspecto tributário do *compliance*, é importante que as obrigações principais e acessórias sejam realizadas a seu tempo e tenham por base as tantas informações previstas pela RFB, SPED e outros órgãos pertinentes.

A organização e entrosamento entre os diversos departamentos de uma empresa é crucial para a sua concretização.

Hoje, já não dá mais para os departamentos agirem de forma independente, tendo em vista que até os sistemas utilizados, serem desenvolvidos de forma sincronizada.

A não realização do *compliance* pode acarretar multas homéricas às empresas e até levá-la a uma recuperação judicial, ou até falência.

Portanto, vemos que a utilização das sociedades em conta de participação em determinadas atividades, pode ser bastante interessante. Isso porque, mesmo com todo controle feito pela Secretaria da Receita Federal do Brasil, por meio das obrigações acessórias, ainda assim pode ser objeto de um planejamento lícito.

Para a apropriada utilização dessas sociedades e visando o cumprimento de procedimentos lícitos, indicamos:

- A elaboração de um contrato entre os sócios, com base nos preceitos da legislação civil, com as regras bem definidas;
- A definição de um objeto lícito e possível de ser realizado;
- O controle das contas e patrimônio, de forma detalhada, pelo sócio ostensivo;
- Não confundir uma SCP com um consórcio de sociedades. São operações diferentes. Os consócios também não possuem personalidade jurídica, porém, possuem regras próprias previstas pela Lei nº 6.404/1976, arts. 278 e 279, Lei nº 12.402/2011, art. 1º e Instrução Normativa RFB nº 1.199/2011;
- Separação patrimonial da SCP em relação ao sócio ostensivo;
- Conhecer a legislação que trata dessas sociedades;
- Planejar a forma de tributação mais adequada para a atividade;

- Realizar reuniões entre os sócios para que todos tenham ciência do andamento das operações e decisões tomadas;
- Acompanhar as decisões administrativas e judiciais sobre essa sociedade;
- Verificar com os conselhos/ órgãos de classe, dependendo da atividade, sobre a admissão desse tipo societário.

8.4.1. Cruzamento de Informações

É de conhecimento geral que o grupo de obrigações do SPED – Sistema Público de Escrituração Digital é uma excelente ferramenta para a Receita Federal analisar e realizar o cruzamento de informações entre as obrigações acessórias.

O SPED traz:

- Redução de custos com a dispensa de emissão e armazenamento de documentos em papel;
- Eliminação do papel;
- Redução de custos com a racionalização e simplificação das obrigações acessórias;
- Uniformização das informações que o contribuinte presta às diversas unidades federadas;
- Redução do envolvimento involuntário em práticas fraudulentas;
- Redução do tempo despendido com a presença de auditores fiscais nas instalações do contribuinte;
- Simplificação e agilização dos procedimentos sujeitos ao controle da administração tributária (comércio exterior, regimes especiais e trânsito entre unidades da federação);
- Fortalecimento do controle e da fiscalização por meio de intercâmbio de informações entre as administrações tributárias;
- Rapidez no acesso às informações;
- Aumento da produtividade do auditor através da eliminação dos passos para coleta dos arquivos;
- Possibilidade de troca de informações entre os próprios contribuintes a partir de um leiaute padrão;
- Redução de custos administrativos;
- Melhoria da qualidade da informação;

- Possibilidade de cruzamento entre os dados contábeis e os fiscais;
- Disponibilidade de cópias autênticas e válidas da escrituração para usos distintos e concomitantes;
- Redução do "Custo Brasil";
- Aperfeiçoamento do combate à sonegação;
- Preservação do meio ambiente pela redução do consumo de papel.
- Por conseguinte, atente-se para essas informações.

Sendo assim, encerramos esse trabalho, acreditando que tratamos dos principais pontos das Sociedades em Conta de Participação, para que os leitores tenham um norte para o estudo necessário na criação e sua utilização dessas sociedades em suas operações.

Bibliografia

Site da Secretaria da Receita Federal do Brasil: < *https://www.gov.br/receitafederal/pt-br*>.

Site do Planalto: <*http://www2.planalto.gov.br/*>.

Site Concla:<*https://concla.ibge.gov.br/*>.

Site USP: <*https://edisciplinas.usp.br*>.

Site Ministério da Economia: <*https://www.gov.br/economia/pt-br*>.

Site Comitê de Pronunciamentos Contábeis: <*http://www.cpc.org.br/CPC*>.

Site Departamento Nacional de Registro Empresarial e Integração – DREI: <*https://www.gov.br/economia/pt-br/assuntos/drei*>.

Site Conselho Administrativo de Recursos Fiscais – CARF: <*http://idg.carf.fazenda.gov.br/*>.

SCALZILLI, João Pedro-SPINELLI, Luís Felipe – *Reflexões sobre a Sociedade em Conta de Participação no Direito Brasileiro* – Revista Jurídica Empresarial – Janeiro/Fevereiro 2010

TZIRULNIK, Luiz. Empresas & Empresários: no novo Código Civil. 2. ed. rev., ampl. e atual. de acordo com a Lei nº 11.101/2005 (nova Lei de Falências). São Paulo: Editora Revista dos Tribunais, 2005.

Legislação:

Lei nº 10.406/2002

Lei nº 12.973/2014

Decreto-Lei nº 1.598/1977

Instrução Normativa RFB nº 1.700/2017

Instrução Normativa RFB nº 1.911/2019

Instrução Normativa DREI nº 81/2020